マルチアングル戦術図解

卓球の戦い方

先の先を読み、超高速ラリーを制す

岸川一星　クニヒロ卓球主任コーチ

はじめに

　卓球は、戦術が勝敗を分けるスポーツです。

　トップ選手同士の試合の中で、簡単そうに見える
ボールをミスしたり、好調だった選手が突然、不思
議なくらい点数をとれなくなったりする場面を目撃
したことはありませんか？　一般の方に伝わりづら
いのがもどかしいところですが、そこには複雑な駆
け引き、戦術が隠されています。

　一枚一枚のカードが技術だとすれば、それをどう
組み合わせて使うかが戦術に当たります。手持ちの
カードをいかに強化し、枚数を増やし、的確に出し
ていけるか。仮に強いカードを持っていても、出し
方を間違えれば得点を奪うことはできません。また、
自分が得意なことを出し切るだけではダメで、相手

のタイプに合わせて臨機応変に変えていくことも大
切です。

　サーブ権を持っているならば、回転、コース、長
さと、いくつかの選択肢の中からどれをチョイスす
るかという作業が最初にあります。サーブだけでは
なく、相手のレシーブに対しての3球目、その後の
5球目の待ち方を考えることも必要です。たとえば、
こちらのショートサーブに対する相手のレシーブで
も、ツッツキ、ストップ、フリック（またはチキー
タ）と、3種類が考えられます。それぞれへの対応
を覚えておくのはもちろん、フォア側とバック側の
ふたつのコースにくると考えれば、少なくとも6種
類のイメージが必要です。

　その日の調子のよし悪しに左右される部分も、当然あります。たとえば、相手のチキータが予想していたよりスピードがあり、タイミングが合わないとします。そうなれば、チキータ自体をさせないように試合を進めなければいけません。サーブをフォア側に出す、または普段よりもロングサーブの割合を増やすといった具合です。劣勢の場合は、なぜやられているかを整理し、その展開へ持っていかせないように工夫する必要があります。

　本書では、そういった戦術の具体例を紹介しています。2章からは4つの戦型に分類し、サーバー側、レシーバー側それぞれの視点で、有利な状況に持ち込むまでの展開を解説しています。

　両ハンドを駆使した超高速ラリーが繰り広げられる昨今、狭いスペースの中で無数の選択肢の中から瞬時の判断を要求される卓球が、"100メートル走をしながらチェスをするようなスポーツ"と称される理由がおわかりいただけるかと思います。本書で紹介している多くのパターンをしっかり体で覚え、試合で使えるようになってください。実戦でその通りにいくとは限りませんが、考え方の礎にしていただければ幸いです。

岸川一星

本書の使い方

本書では、卓球の戦術を3Dグラフィックによる図を用いてわかりやすく示している。後ろや正面、斜め、真上、真横など、その都度ベストな視点をチョイスし、マルチアングル（多角的）に解説。第1章では、サーブの回転や台上レシーブ、ドライブなどの技術にはじまり、サーブ＋3球目、レシーブ＋4球目のベーシックな戦術を、躍動感あふれる誌面で紹介。第2章からは戦型別に分け、なぜその技術やコースを選択したのか、相手はどんな反応を見せたのかなど、先の先を読む高度な心理戦が表現されている。なお、本書は右利きを想定して制作しているため、左利きの選手は留意して理解しよう。すべてシェークハンドラケットを使用していると仮定する。

タイトル・解説文

習得する戦術の内容が一目でわかる。解説文を読み込むことで戦術についての理解を深められる

Point

その戦術でポイントとなる技術や動き

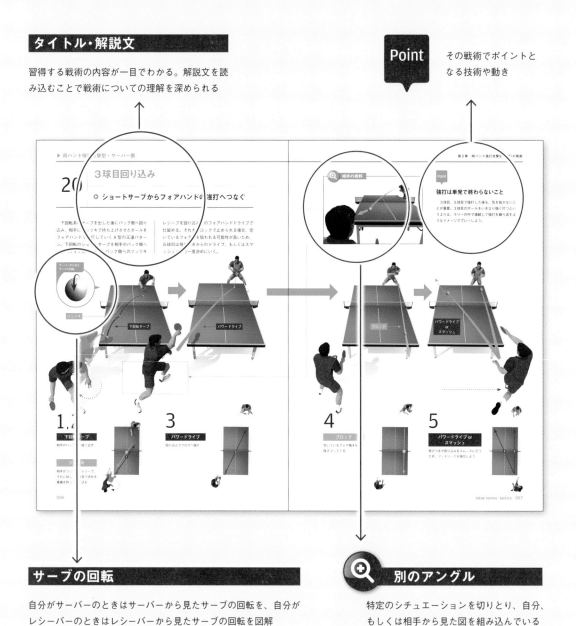

サーブの回転

自分がサーバーのときはサーバーから見たサーブの回転を、自分がレシーバーのときはレシーバーから見たサーブの回転を図解

別のアングル

特定のシチュエーションを切りとり、自分、もしくは相手から見た図を組み込んでいる

3Dグラフィックを用いた図で戦術を解説。基本的には、自分の背中越しの視点がメインとなる。選手のグラフィックでは、ショットのフォームやフットワークがリアルに表現されており、1球ごとにショット名と説明文も記載。打球の軌道はボールの威力によって、弱、中、強の3段階の太さに分かれている

自分

相手

自分の打球

→ 赤…弱

→ オレンジ…中

→ 黄色…強

相手の打球

→ 緑

3種類の太さでショットの威力を表現

選手の動き

●●●●●●● → 自分   ●●●●●●● → 相手

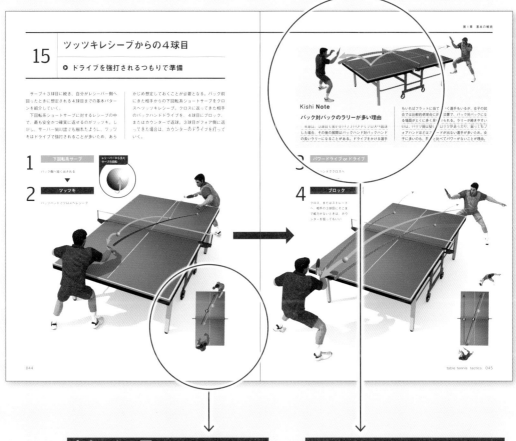

真上からの図
打球のコースや選手の位置がよくわかる

Kishi Note
著者が紹介する、知って役立つ卓球知識

CONTENTS

第 1 章

基本の戦術

サーブ、台上レシーブ、ドライブ、ブロックなどの技術や、一般的に試合で多く見られるサーブ＋3球目、レシーブ＋4球目の展開など、戦術のベースとなる部分をマルチアングルで解説。まずはこの章で、実戦をシミュレートしながら卓球のロジックを学んでいこう。

サーブの回転と軌道

▶ 回転の種類は主に７つ

　卓球の回転は７つに大別され、それぞれを生み出すサーブ（打法）にもさまざまな種類がある。仮に同じ種類の回転で同じ回転量だったとしても、打法が違えば相手に与える印象は変わる。手持ちのサーブが多ければ多いほど、「次は何がくるのか」とレシーバーを警戒させる効果が生まれるはずだ。

　バックハンドは出せるサーブが限られるため、一般的にはサーブの種類が豊富で相手もレシーブの選択肢に迷いやすい、フォアサーブを使う選手が多い。下回転系、上回転系に加え、回転量を抑えたナックルサーブもある。仮に相手が下回転サーブと間違えて持ち上げた場合は、オーバーミスを誘うことができる。

■ 下回転

レシーバーから見た
ボールの回転

`サーブ`

フォアハンド下回転サーブ

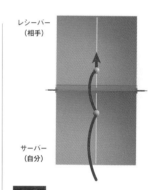

レシーバー
（相手）

サーバー
（自分）

`軌道`

相手コートでのバウンド後はボールにブレーキがかかり、手前に戻ろうとする

ボールの下を前方向にこすって回転をかける。下回転系のボールはフラットに打ち返すと沈むため、持ち上げるように返球する必要がある

■ 横下回転（右）

`サーブ`

フォアハンド横下回転サーブ

しゃがみ込みサーブ

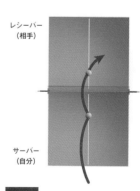

レシーバー
（相手）

サーバー
（自分）

`軌道`

相手コートでのバウンド後は、右に曲がりながらブレーキがかかる

ボールの左下を前方向にこすって回転をかける。フォアの横回転サーブの他に、バック面で打てばしゃがみ込みサーブで出すことも可能

■ 横下回転（左）

ボールの右下を前方向にこすって回転をかける。サーブの選択肢が多く、バックハンドでも出せる

サーブ

巻き込みサーブ
YGサーブ
しゃがみ込みサーブ
バックハンド横下回転サーブ

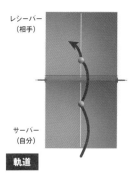

レシーバー（相手）

サーバー（自分）

軌道

相手コートでのバウンド後は、左に曲がりながらブレーキがかかる

■ 横上回転（右）

しゃがみ込みサーブはバック面でボールの左上を前方向へこすり、フォアハンドの横上回転サーブはボールの左下を上方向へこする

サーブ

しゃがみ込みサーブ
フォアハンド横上回転サーブ

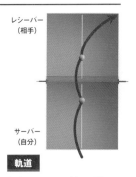

レシーバー（相手）

サーバー（自分）

軌道

相手コートでのバウンド後は、右に曲がりながら伸びていく

■ 横上回転（左）

しゃがみ込みサーブはフォア面でボールの右上を前方向へこすり、バックハンド、巻き込み、YGサーブはボールの右下を斜め上方向にこする方法と、ボールの真後ろを右方向にこする方法がある

サーブ

バックハンド横上回転サーブ
巻き込みサーブ
YGサーブ
しゃがみ込みサーブ

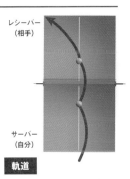

レシーバー（相手）

サーバー（自分）

軌道

相手コートでのバウンド後は、左に曲がりながら伸びていく

■ 上回転

ボールの上を前方向にこするか、ボールの後ろを上方向にこすって回転をかける。フラットに強打されてしまうため、純粋な上回転をサーブで使うことはあまりない

サーブ フォアハンド上回転サーブ
バックハンド上回転サーブ

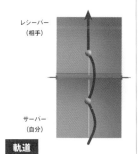

レシーバー（相手）

サーバー（自分）

軌道

いわゆるドライブ回転で、バウンド後は相手に向かって伸びる

■ ナックル

ここまでに紹介したサーブとほぼ同じ面の角度で出すが、こすらずに触れるだけのため回転量が極端に少ない。下回転系に交ぜて使うと、下回転系と勘違いした相手がボールを浮かせることがあり、効果的

サーブ フォアハンドナックルサーブ

上回転ナックル

下回転ナックル

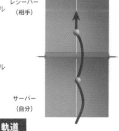

レシーバー（相手）

サーバー（自分）

軌道

相手コートでのバウンド後は、勢いが落ちる

02 サーブの駆け引き

▶ 打球前後の技術で相手を惑わせる

サーブ（回転）をチョイスしたら、コース（フォア側、バック側）と長さ（短い、長い）を決めて実際に打っていくが、それ以外にもトスの高さ、ラケットの引き方、フォロースルーのフェイント、第1バウンドを落とす場所、試合をトータルで見

たときのサーブの組み立て方など、サーバーは自分からさまざまな変化をつけることができる。これが、「サーブはただの1球目ではない」と言われるゆえんだろう。さまざまなテクニックを駆使してサーブ権を最大限に活かしていきたい。

■ トスの高さを変える

トスは自分がリズムをとりやすい高さを選ぶことが基本だが、試合の中で変えることもある。相手のタイミングをずらすことと、視覚的に「変わった」と惑わせることが目的。トスを高く上げると、落ちる反動でサーブが切れやすくなるという説もある。トスの高さはおおむね3段階に分けられるが、巻き込みやYG、バックサーブなど、高く上げると出しにくいサーブもある。

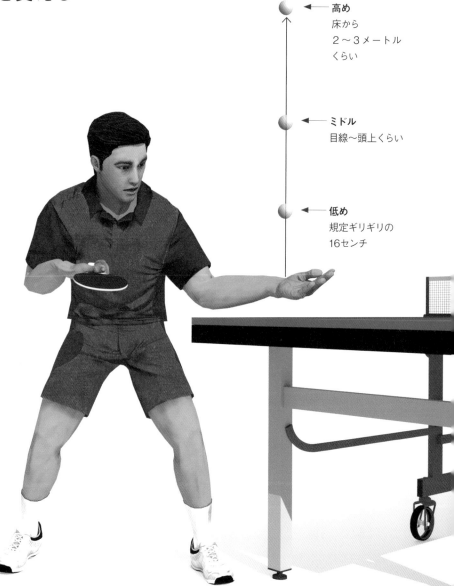

高め
床から
2〜3メートル
くらい

ミドル
目線〜頭上くらい

低め
規定ギリギリの
16センチ

■ 代表的なカモフラージュ例

フォロースルーのカモフラージュ

● 下回転系サーブ後にラケットを立てる

● 下回転系サーブ後にヒジを上げる

● 巻き込みサーブ後に体を沈ませる

サーブを打つ前のカモフラージュ

● 引き手を高く上げる

　サーブを打球した直後に、ラケットの向きを変えて回転の種類をわかりにくくする戦術。横回転の方向をごまかすのは難しいため、主に下回転系か上回転系かを混同させるために行う。たとえば、下回転系サーブを打った後はラケットの打球面が上を向くが、その直後に少しラケットを立てて上回転系のような終わり方にする、下回転を切った

後にヒジを上げ、自然にラケットを立たせるなど。巻き込みサーブも後ろから前方向に切りながら体を少し沈ませることで、横上回転を横下回転のように見せることができる。また、フォロースルーだけではなくサーブを打つ前のラケットの引き方や、引いたときの角度を変えることでも、相手に違った印象を与えられるはずだ。

■ 第1バウンドの位置を揃える

ショートサーブの第1バウンド ──────→ 通常は相手寄り

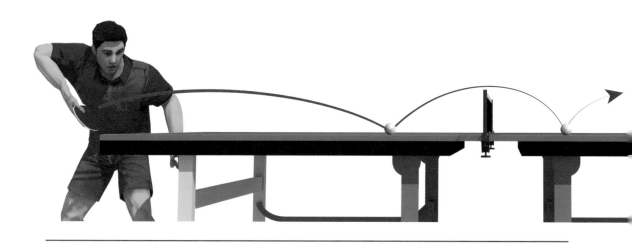

ロングサーブの第1バウンド ──────→ 通常は自分寄り

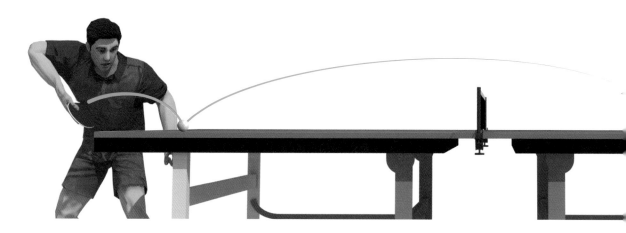

　こちらは変えるのではなく、逆に統一させることで相手にわかりづらくする戦術。

　通常、ショートサーブはネット近く（相手寄り）、ロングサーブは手前（自分寄り）に第1バウンドを落とすと出しやすい。ただ、相手から見ると少し浮いた場合はショート、すぐにバウンドした場合はロングと早々に見破られてしまうため、ショートサーブもロングサーブのように自分寄りでバウンドさせて短くコントロールすることで、飛び出しでは判断をつきづらくする。トップクラスの選手は、どのサーブでもほぼ第1バウンドの位置を揃えている。

どちらのサーブも自分寄りで揃える

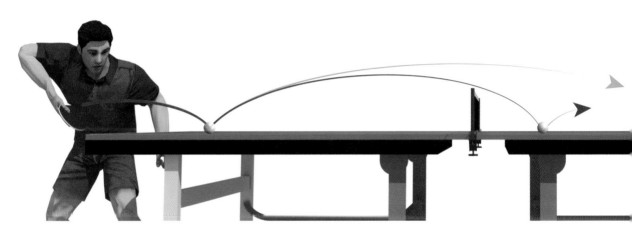

Kishi **Note**

勝負どころでのサーブ

「ナインオール」のような試合終盤の競った場面でサーブ権がきたときは、どんなパターン（サーブ＆コース＆長さ）をチョイスすればいいのか。主に3つの選択肢が考えられる。①自分が得意なパターン、②相手が嫌がっていたパターン、③今まで見せていないパターン。試合の中で効いたサーブがあれば、それ以降はあえて使わずに勝負どころまで温存する選手もいれば、ナインオールにすこぶる強い中国人選手の中には、サーブの回転量を上げる選手もいる。リオデジャネイロ五輪女子シングルス金メダリストの丁寧選手は、ここぞという場面でしゃがみ込みサーブを使うが、試合中はつねに「いつあのサーブがくるのか」という緊張感が相手にあり、構えた段階で「特別なサーブがくる」と精神的にプレッシャーを与える効果もあるだろう。

03

台上レシーブの種類

● 今や「２球目攻撃」の時代

ショートサーブに対する台上でのレシーブは、主にツッツキ、ストップ、フリック（もしくはチキータ）の３つ。チキータが開発されるまでは台上のボールを強打することができなかったため、「レシーブ＝守備」という考えが基本だったが、今や「２球目攻撃」と呼べるほどレシーブから積極的に仕掛ける選手が多くなった。

それ以降も、ボールをとらえる場所がチキータとは反対の「逆チキータ」、よりスピードを重視した「台上バックハンドドライブ」などが登場し、一概にサーバー側が有利とは言えない状況になってきている。

■ ツッツキ

下回転系のボールの下を突っつき、確実に相手コートに返球する技術。ミスのリスクが少ない反面、勢いのないボールが長めに返るため、ドライブを打たれやすい。インパクトのタイミングはどこでも可能だが、バウンドの頂点前が最も打ちやすい

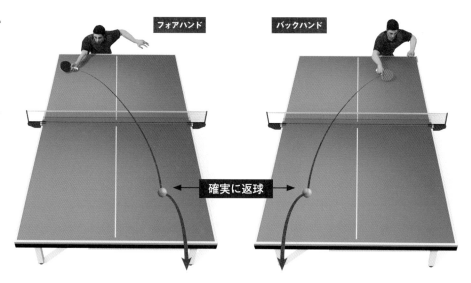

■ ストップ

相手にドライブを打たせないように、下回転系のサーブをネット際に短く返球する技術。インパクト時はラケットを押さず、触るだけ。バウンド直後が一番ボールを止めやすいため、落下点に素早く体を持っていけるかがポイントとなる

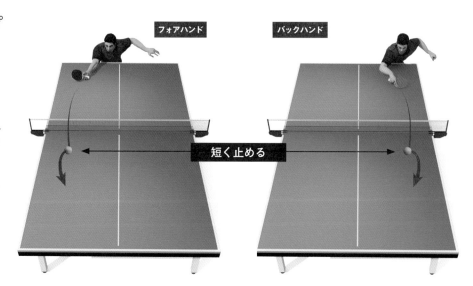

■ フリック

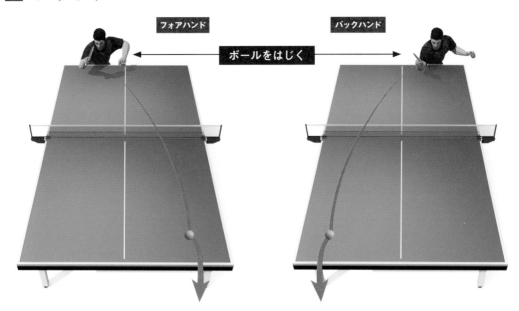

相手のボールをはじき、台上から攻めるレシーブ。ツッツキやストップはボールが
浮いてしまっても台に入りやすいが、フリックは回転の判断やラケット角度の調整
を間違えるとネットミスやオーバーミスに直結するため、リスクは高くなる

■ チキータ

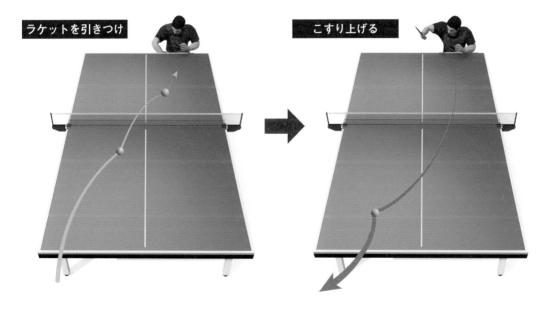

現代卓球を象徴する、バックハンドの攻撃的な台上技術。ヒジを張ってラケットを体に引き
つけ、バック面でボールの左上を思い切りこすり上げる（左下をとる下回転チキータもあ
る）。強い右上回転がかかったボールは、相手コートでのバウンド後にバック側へ曲がる

■ 攻撃的なツッツキ

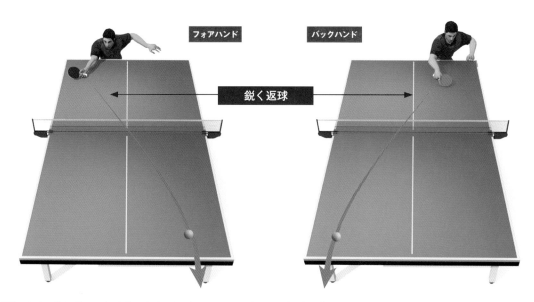

手首はあまり使わず、ヒジから先で突くように打つ。また、バウンドが頂点に達する前の早い打球点でボールをとらえることで、返球が早くなるだけではなく、下回転が多く、低く速いボールになる。相手の不意を突いて強打を防ぎ、逆にチャンスをつくる技術

■ 台上バックハンドドライブ

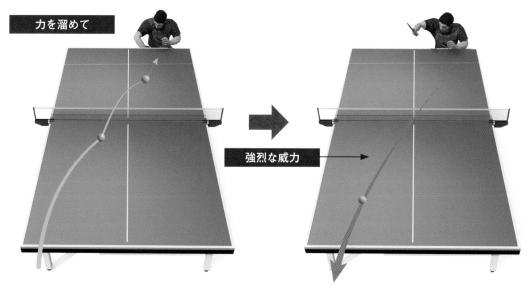

打球フォームはチキータと同じだが、ボールの上や後ろをとらえる。横回転が入っていない分、チキータよりもさらにスピードが速く攻撃的。インパクト時は「こする」感覚に、少し「はじく」感覚も加わる。威力があるため、一発で仕留めることも可能

■ サイドスピンツッツキ

インパクトの瞬間にラケットをスライドさせてボールをこすり、横の変化をつけたツッツキ。フォアハンドのときは相手のバック側に、バックハンドのときは相手のフォア側にボールが動く。変化する分、通常のツッツキよりも相手を慎重にさせる効果がある

■ 逆チキータ

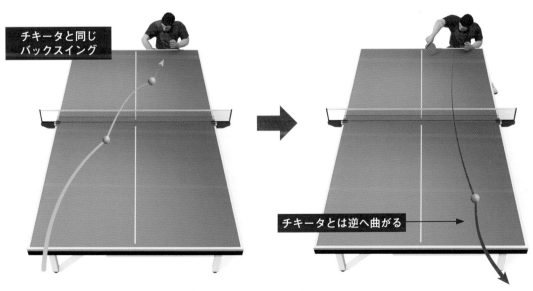

ボールの右下を斜め上にこすり上げて左上回転をかけるバックハンドの技術で、チキータとは逆に相手のフォア側へ向かって曲がっていく。チキータと組み合わせて使えば、より相手を翻弄することができるはずだ

レシーバーが見るべきポイント

▶ 3つのポイントでサーブを見極める

　相手のサーブに合わせて適切なレシーブを選ぶことになるが、サーブ（回転、コース、長短）を見極めるための判断材料は主に、スイング、ボールを触った場所、飛び方、軌道、となる。ボールが相手コートにあるうちにサーブを判断できるの

が理想だが、その段階で回転がわからない場合は自分のコートまで少しでも長くボールを見て、安全な返し方をする。そうなれば当然、有効打にはなりづらいため、相手に強打される可能性も高くなる。

■ サーブを判断するための 3ステップ

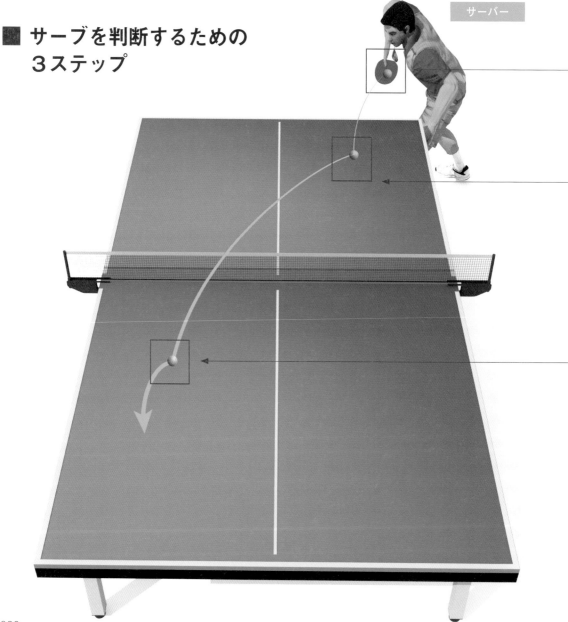

サーバー

STEP ①
スイングの瞬間

スイングの仕方と、ボールのどの位置を触ったかを見る。右回転か左回転かについては、打法でおおよその判断が可能。上下の回転もこの時点で見極めたいところだが、P13でも紹介したように、引き手やフォロースルーでカモフラージュされると判断がつきづらい

■ レシーバーから見たサーバーの打球点

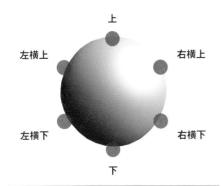

STEP ②
相手コートでの
バウンド時

サーブの長短を判断しづらくするため、第1バウンドの場所を相手寄りで揃えられることもあるが、上回転系のボールはバウンド時によく跳ね、逆に下回転系のボールはブレーキがかかる性質があるため、勢いに多少の違いが生まれる。その後の軌道も合わせて見ると、回転に加えてロングかショートかの長さ、フォア側かバック側かのコースも判断できる

STEP ③
自コートでの
バウンド時

この時点で回転を判断するようでは、打球点も遅くなるためいいレシーブは返せない。最後まで回転がわからなかった場合、ラケットの面を上に向けてボールの下を持ち上げれば、最低限ネットを越えて相手コートに入れることはできる。ただ、下回転系のボールであればそつなく返球できるが、上回転系だった場合は高く浮くことになる

フォア前か…
バックロングか…

ヤマを張ってレシーブの選択肢を絞る

レシーブは瞬時の判断が要求されるため、回転、コース、長さは相手が出してくるサーブの傾向を読みつつ、ある程度のヤマを張っているケースが多い。どれかひとつのパターンだけに絞って待つことはあまりないが、たとえばバック前にきたサーブをこちらがチキータできれいにレシーブした場合、次はバックハンドを使わせないようにフォア前にくるか、バック側にロングサーブがくるか、といったイメージ。そういった読みが抜群なのが、伊藤美誠選手。バック側にきそうな雰囲気を感じとってレシーブで回り込んで強打をしたり、フォア側にきたボールをバックハンドでとったりと、ことごとく予想が当たっている。また、相手のあらゆるパターンをレシーブで攻略していくたびに最初は複数あったサーブの種類がだんだんなくなっていき、消去法でサーブの選択肢を絞れるケースもある。

ネットミス

回転「量」の間違えに注意

サーブの回転の種類は的中しても、回転量を間違える場合もある。横下回転サーブと判断してツッツキを打ったとき、浮いてしまった場合は回転の種類を間違えていることになるが、ネットに引っかかった場合は想像よりも下回転の回転量が多かったことになる。ラケットの角度を間違えると、そのようなことが起こりうる。ただ、選手によっておおよその回転量は決まっており、意図的にサーブの回転量を増やしたり減らしたりすることはあまりない。そのため、こういったケースは相手の情報がない初対戦時に起こりやすい。

05 変幻自在のドライブ

● 現代卓球の必須技術

ボールに前進回転をかけるドライブは現代卓球に欠かすことのできない技術だが、本書では回転量とスピードと高さの違いによって、ドライブ、ループドライブ、パワードライブの3つに区分する。

回転量が多いループドライブは体の横までボールを引きつけ、下から上方向にスイングする。ボールは弧線の軌道を描くため、やや高め。スピード重視で決め球に使用するパワードライブは、後ろから前方向のスイングでバウンドの頂点付近をとらえる。打球点は体より少し前で、ボールは低く直線的な軌道を描く。通常のドライブは上記ふたつの中間というイメージ。

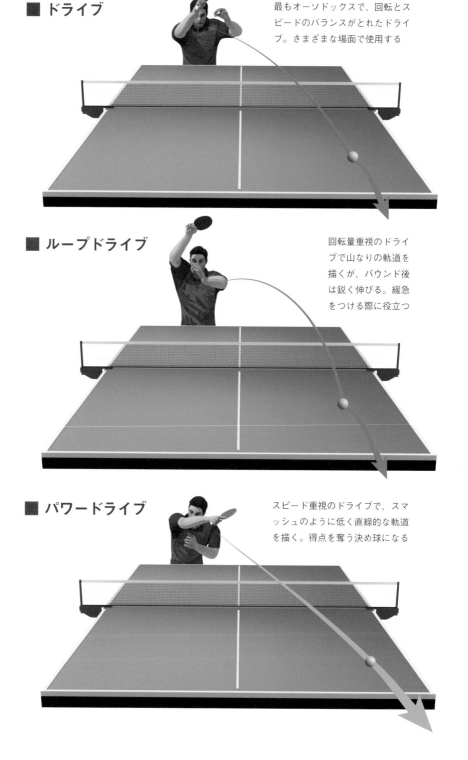

■ ドライブ

最もオーソドックスで、回転とスピードのバランスがとれたドライブ。さまざまな場面で使用する

■ ループドライブ

回転量重視のドライブで山なりの軌道を描くが、バウンド後は鋭く伸びる。緩急をつける際に役立つ

■ パワードライブ

スピード重視のドライブで、スマッシュのように低く直線的な軌道を描く。得点を奪う決め球になる

■ 上級テクの「変化球ドライブ」

シュートドライブ

手首を外側に開いてボールの左側をこすることで右回転（シュート回転）が加わり、バウンド後に相手のバック側へ曲がるドライブ

カーブドライブ

手首を少し内側に曲げてボールの右側をこすることで左回転（カーブ回転）が加わり、バウンド後に相手のフォア側へ曲がるドライブ

シュートドライブ　　　　カーブドライブ

　左ページの３つがドライブの「縦軸」ならば、「横軸」と言えるのが前進回転（ドライブ回転）に横回転を追加し、相手コートでのバウンド後に左右に変化させるカーブドライブ、シュートドライブだ。野球のピッチャーが投げるカーブ、シュートと同じように、右利きの場合、カーブは自分から見て左へ、シュートは右へ曲がっていく。ともにフォアハンドで行うが、中陣でのドライブの打ち合いの場面で使うことが多い。上級者になると、意図的に回転を操ることができる。

06

カーブドライブを使った戦術

● 相手を左右に大きく動かす

P23で紹介したふたつの変化球ドライブのうち、カーブドライブを実戦で使うパターンを紹介する。シュートドライブも含め、台から離れた場所でフォアハンドドライブを打ち合う「引き合い」の中で使われることが多い。下回転の展開でも使わなくはないものの、ドライブのラリー中のほうが曲げるメリットが出やすい。

引き合いを続ける中で、カーブドライブをクロスへ。追いついて返球することができても相手のバック側が大きく空くため、こちらのクロスに返ってきたボールをストレートへドライブ。続いてボールがバック側に返ってきた場合は、回り込んでクロスかストレートへドライブを打つ。

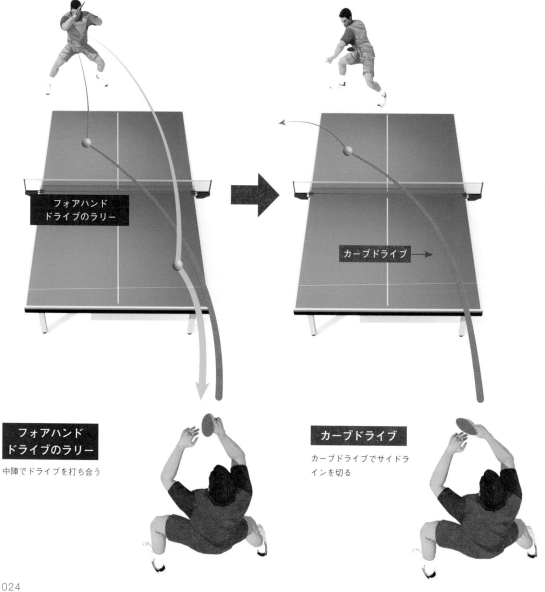

フォアハンド
ドライブのラリー

中陣でドライブを打ち合う

カーブドライブ

カーブドライブでサイドラインを切る

Kishi **Note**

引き合いは男子によく見られる

　女子よりも台からの距離をとる傾向がある男子の試合では、中陣でフォアハンドドライブの打ち合いになる場面がたびたび見られる。脚力の強い男子選手は回り込んでフォアドライブを打ち、そこから大きいフォアドライブのラリーが始まるケースも多い。水谷隼選手や大島祐哉選手は、こうしたフォアハンドの大きなラリーを得意としている。

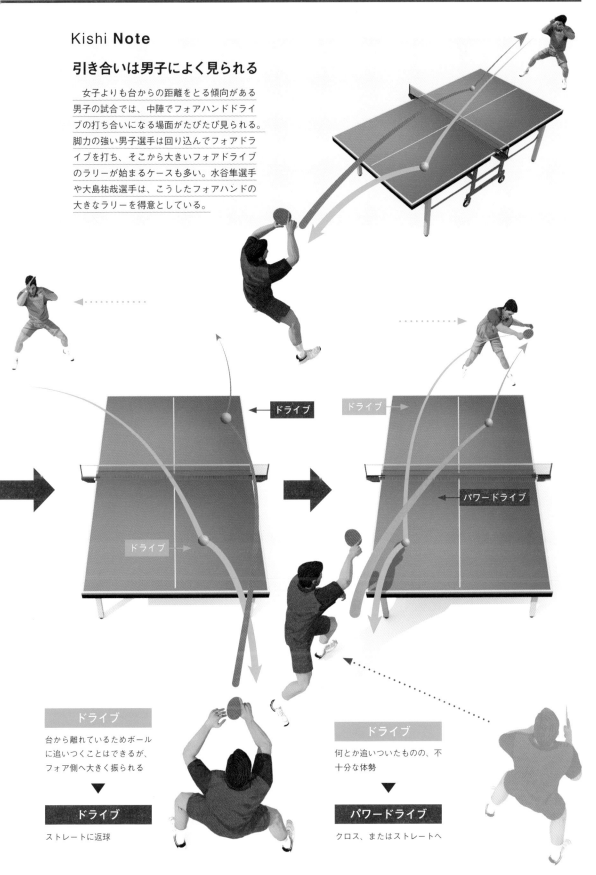

ドライブ

ドライブ

ドライブ

パワードライブ

ドライブ

台から離れているためボールに追いつくことはできるが、フォア側へ大きく振られる

▼

ドライブ

ストレートに返球

ドライブ

何とか追いついたものの、不十分な体勢

▼

パワードライブ

クロス、またはストレートへ

07 シュートドライブを使った戦術

● フォア側からバック側へ回り込み

　カーブドライブとは逆側へ変化するシュートドライブも、フォアハンドのラリー中に織り交ぜていければ効果的だ。クロスの打ち合いを続けているところからストレートへ振り、相手はバックハンドでクロスへつないでくる。フォア側でストレ

ートへ振ったときは、クロスへ返球されることを警戒して打球直後に少しバック側へ寄っておくのがポイント。バック側へ回り込み、クロスへシュートドライブ。相手のバック側へ曲げてサイドラインを切る。

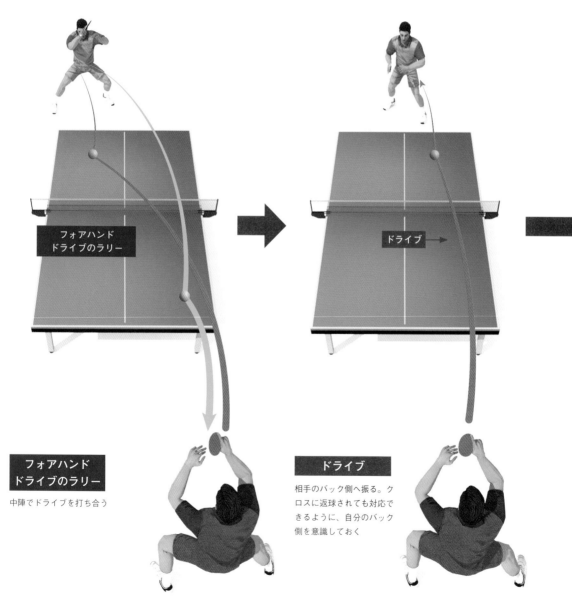

**フォアハンド
ドライブのラリー**

中陣でドライブを打ち合う

ドライブ

相手のバック側へ振る。クロスに返球されても対応できるように、自分のバック側を意識しておく

Kishi **Note**

カーブとシュートの合わせ技

　相手のフォア側へ強打しても、台からある程度下がった状態ではボールに追いつかれて打ち返されることも多い。そういったときは、シュートドライブを繰り返し打って相手をバック側へくぎづけにし、フォアサイドが空いたところを狙って強打する。カーブドライブでフォア側のサイドラインを切れば、より大きく振り回すことができるだろう。

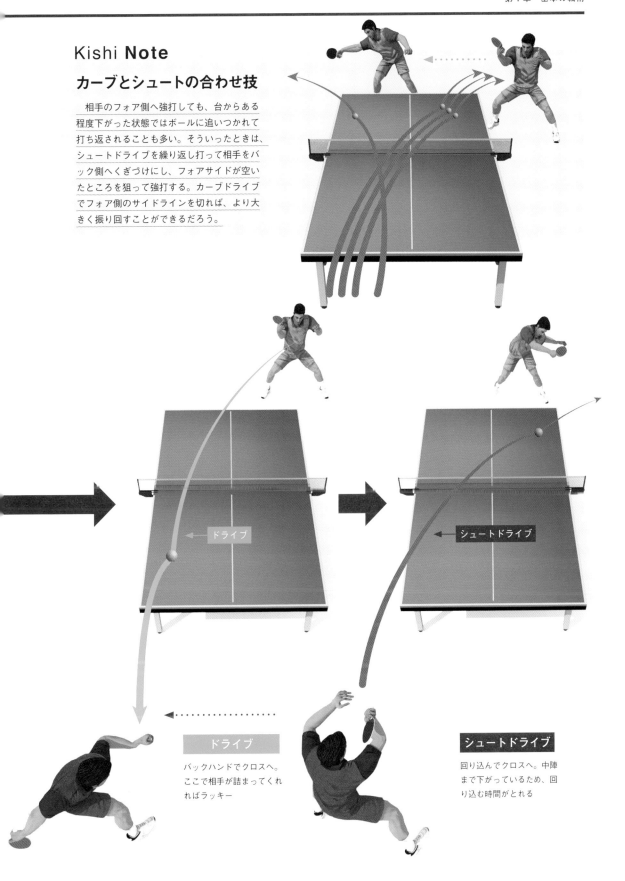

ドライブ

シュートドライブ

ドライブ

バックハンドでクロスへ。ここで相手が詰まってくれればラッキー

シュートドライブ

回り込んでクロスへ。中陣まで下がっているため、回り込む時間がとれる

ブロックの技術

▶ 守備だけではなくチャンスもつくれる

ブロックは読んで字のごとく、相手の強打を受け止めて返球する守備的な打法のことで、バックハンドで行うことがほとんど。ラケットを少しかぶせ気味に固定し、ボールに当ててから若干前に動かすのが基本。

ブロックを安定させるには、相手のボールのコース、スピード、回転量、高さ、長さによって、ラケット角度や前に押す強さをコントロールする

必要がある。ミスをしないことだけを考えればあまりラケットを動かさないブロックが確実だが、それでは相手に余裕が生まれ、もう一度踏み込まれて強打されてしまうかもしれない。トップ選手の多くは、少しスイングを強くしたり、上をこすってボールを伸ばしたり、ボールの横をこすって動かしたりと、ブロックにさまざまな変化をつけている。

■ 基本のブロック

ラケットを少しかぶせ気味に固定し、ボールがラケットに当たってから若干前に押す。打球点は、バウンドの頂点前が最も安定する

〔打球前〕　　　　　　　　　〔打球後〕

■ 押すブロック

カウンターほどではないが、少し強めにラケットを押してボールにスピードをつける。オーバーミスのリスクは高まるが、その分相手は返球しにくい

■ 上をこするブロック

相手のボールの力を利用し、ボールの上をこする。前進回転がかかるため、バウンド後はドライブのようにボールが伸びていく

■ 右をこするブロック

手首をひねってバック面でボールの右側をこすることで、バウンド後に左（相手のフォア側）へ曲がっていく。ボールの下のほうまで切れば、下回転も加わる

■ 左をこするブロック

ラケットを前に押し出してバック面でボールの左側をこすることで、バウンド後に右（相手のバック側）へ曲がっていく。上から斜め下方向に切れば、下回転も加わる

09 下回転系サーブからの3球目①

● ツッツキレシーブをドライブで待つ

　ここからは、サーブ＋3球目の基本パターンを紹介していく。下回転系（下回転、横下回転、ナックル）のショートサーブから始める場合、相手のレシーブで考えられるのはツッツキ、ストップ、フリック（もしくはチキータ）の3つ。それぞれに対しての3球目の待ち方を想定しておく必要がある。ツッツキレシーブに対しては、ドライブで

攻撃を仕掛けていく。
　バック前に下回転系のショートサーブを出し、相手のツッツキをバックハンドドライブで3つのコース（フォア、バック、ミドル）に打ち分ける。3球目は回り込んでのフォアハンドドライブでもOK。両ハンドのドライブを使いこなせるようになろう。

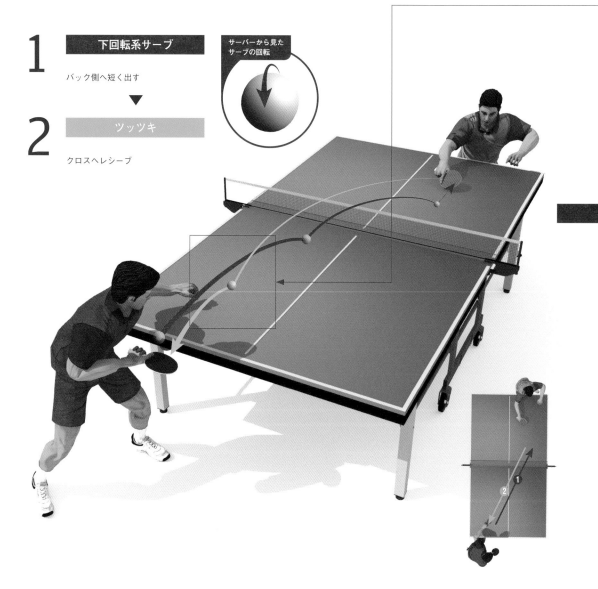

1 下回転系サーブ

バック側へ短く出す

▼

2 ツッツキ

クロスへレシーブ

サーバーから見た
サーブの回転

バック側に返ってくるとは限らない

　ここでは相手からのレシーブのコースをバック側に絞っているが、当然、ツッツキをフォア側に返球されることもあれば、ミドルを狙われる可能性も考えられる。どのコースにレシーブされてもドライブを打ち分けられるように想定しておくこと。さらに、フォア側、バック側の２コースに３種類（ツッツキ、ストップ、フリック）のレシーブがくると考えると、ショートサーブからの展開だけでも６通り（＋ミドル）存在することになる。最初はある程度、相手のレシーブの選択肢を絞った練習でレベルを上げ、慣れてきたらコースも打法もフリーにして負荷をかけていこう。

3 ドライブ or パワードライブ

バックハンドで３つのコースに打ち分ける

10 下回転系サーブからの3球目 ②

● フォア前へのストップをフリックで払う

　次は、こちらの3球目強打を防ぐために、相手が短くレシーブしてきたときの展開を紹介する。下回転系のショートサーブをバック前に出し、相手がフォア前にストップ。台上ではフォアドライブを打てないため、クロスへフォアハンドのフリック。ストレートへのフリックも出さなくはないが、強く払っていくとオーバーミスやネットミスの危険性も高まるため、距離が長いクロスへ打つのがセオリー。サイドラインを切るくらいの、厳しいコースへ打てるようになろう。

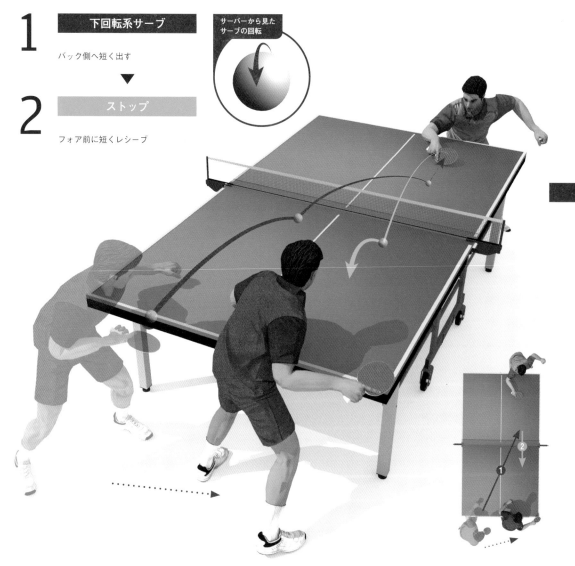

1 下回転系サーブ

バック側へ短く出す

▼

2 ストップ

フォア前に短くレシーブ

サーバーから見た
サーブの回転

Kishi **Note**

「こする」と「はじく」を使い分ける

　現代卓球では、ボールをこすってドライブ回転をかける選手が多い。フリックは効果的な台上技術だが、はじきながら打つという感覚の違いやラケット角度の違いなどから、ドライブに慣れた選手にとっては使いこなすのが難しい技術と言える。フォアハンド、バックハンドともに、右足を前に出して（卓球台の下に少し入るくらい）ボールに近づき、台と垂直くらいのラケット角度をつくる。手首と前腕を中心としたコンパクトなスイングで、軽くボールをはじいていく。

3

フリック

クロスへ。サイドラインを切ることができれば相手を振り回せるため、さらに効果的

11 下回転系サーブからの3球目 ③

▶ 攻撃的なレシーブに対するドライブ

　下回転系ショートサーブから始まる展開の中で、最も攻撃的なフリックやチキータでレシーブをされたときのパターン。バック前にショートサーブを出し、相手はバックハンドフリック、もしくはチキータでクロスへレシーブ。それをバックハンドドライブで3つのコースに打ち分ける。ツッツキやストップを想定していると3球目で振り遅れてしまうため、速いレシーブが返ってくるつもりで待つことが大切。

　ここではよりレシーブの選択肢が多いバック側へサーブを出したが、相手のフォア前にサーブを出した場合はクロスへのフリックが返ってくる可能性が高いため、基本的に3球目はフォアハンドで待つことになる。

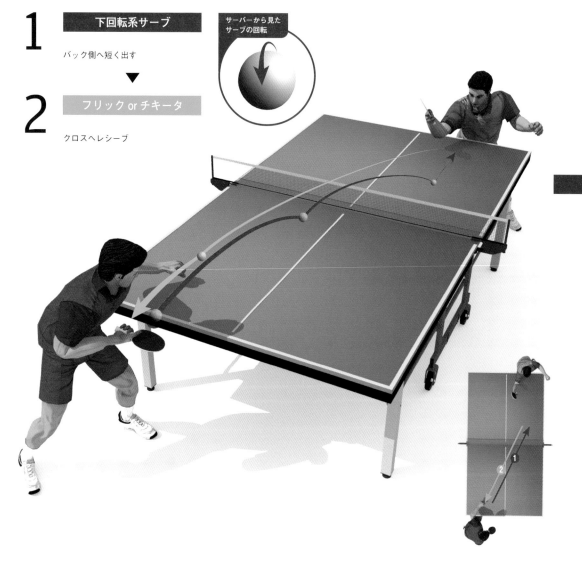

1 下回転系サーブ
バック側へ短く出す

サーバーから見た
サーブの回転

▼

2 フリック or チキータ
クロスへレシーブ

下回転系に対する
ドライブとの違い

　3球目のドライブはフリックやチキータといった上回転系のボールを打つため、ツッツキ（下回転系）に対するドライブとはボールをこする場所やスイングの仕方が少し異なる。下回転は持ち上げなければネットを越えないため、スイングは下から上方向の要素も必要となるが、上回転に対して同じスイングをするとオーバーしてしまう。ややラケットをかぶせ気味にして、後ろから前方向のスイングでボールの上をこする。

下回転系に対するドライブ　　　　上回転系に対するドライブ

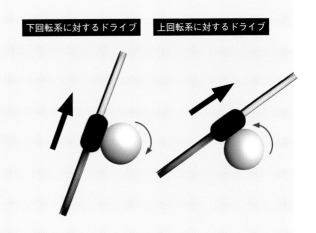

3

ドライブ

バックハンドで3つのコースに
打ち分ける

12 横上回転サーブからの3球目

▶ 台上で確実に上回転系の展開に持ち込む

　こちらは、下回転系とは球質が異なる横上回転のショートサーブから始めるパターン。基本的に上回転系のサーブはボールが少し浮くため、ツッツキやストップでは返球しづらい。つまり、レシーブはフリックかチキータしかこないと考えていいだろう。

　横上回転のショートサーブを相手のバック前に出し、相手がバックハンドのフリックかチキータをクロスへレシーブ。それを3球目のバックハンドドライブでコースに打ち分ける。横上回転サーブが高く浮いたり長めに出たりすると強打される恐れがあるため、注意が必要。

1 横上回転サーブ

バック側へ短く出す

サーバーから見た
サーブの回転

2 チキータ or フリック

クロスへレシーブ

Point

フォア前に出せば
さらに狙いを絞れる

自分の視野

　横上回転サーブを低く、短く出す
ことができれば、相手にドライブを
打たれる前に上回転の展開に持ち込
める。フォア側に出せばチキータの
選択肢もほぼなくなるため、相手に
確実にフリックを打たせたいときは、
フォア前に短い横上回転サーブを出
すのが手っとり早い。

3

ドライブ

バックハンドで3つのコースに打ち分ける

13 ロングサーブからの３球目

▶ ショートサーブに交ぜると効果的

　純粋な下回転はボールが伸びないためロングサーブには不向きだが、それ以外の横下、横上、ナックルはどれを使っても可。ロングサーブが必要な理由は主に、①見せ球、②大きなラリーに持ち込める、③チキータ封じ、の３つが挙げられる。①は短いサーブだけでは狙い撃たれてしまうため、何本かに一本はロングサーブを織り交ぜていくと読みを外せる。②は台上の短い攻防があまり得意ではない選手にとっては、最初からドライブなど

大きなラリーの展開に持ち込めるロングサーブが向いている。③の理由として、チキータは相手がサーブを出した瞬間に動き出し、台の中に入って打つ必要があるため、チキータが得意な相手には台に入りにくくする目的でロングサーブを使用することがある。相手のバック側にロングサーブを出し、バックハンドドライブのレシーブを回り込んでのカウンタードライブで狙い撃つ。３球目はバックハンドドライブでも OK。

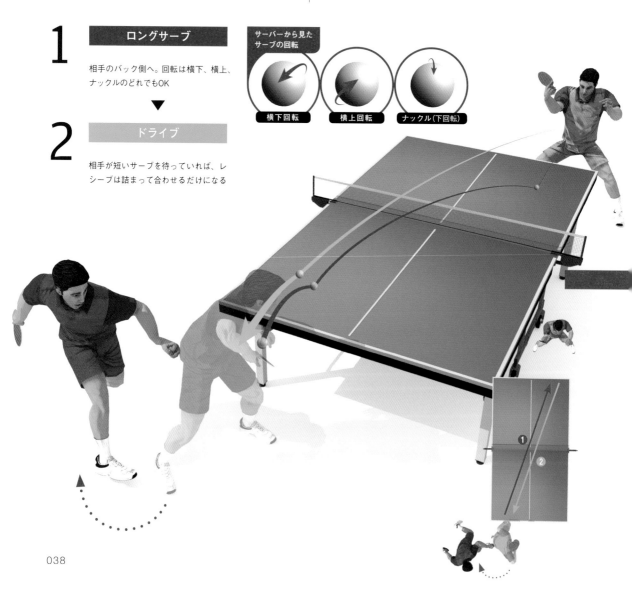

1 ロングサーブ
相手のバック側へ。回転は横下、横上、ナックルのどれでもOK

サーバーから見たサーブの回転
横下回転　　横上回転　　ナックル（下回転）

2 ドライブ
相手が短いサーブを待っていれば、レシーブは詰まって合わせるだけになる

Kishi **Note**

つねに速く長いボールを待つ

　ロングサーブを出す場合、レシーブからいきなり強打されるリスクも負うことになるが、P34-35の『下回転系サーブからの3球目③』でも触れたように、短いサーブから始めたとき、もしくは上回転のラリー中であっても、卓球はつねに相手から速く長いボールを返球されるつもりで待たなければいけない。強打を想定して準備をすれば遅いボールにも対応できるが、遅いボールを待っていると強打に対応できなくなる。野球のバッターで例えれば、ストレートを待っていれば変化球にも対応できるということだ。

3

カウンター

回り込んでのフォアハンド、もしくはバックハンドで。相手に打たせたボールをカウンターで狙うが、強打であればブロックに切り替える

14 ハーフロングサーブからの3球目

▶ ショートとロングの中間サーブが流行中

ハーフロングサーブとは、相手コートでの2バウンド目が台から少し出るくらいのサーブのこと。下回転系のハーフロングサーブを相手にドライブで持ち上げさせ、それをカウンターで狙っていく戦術が昨今は多く見受けられる。横下回転のハーフロングサーブをフォア側へ出し、相手はループドライブでクロスへレシーブ。3球目はカウンターのフォアハンドドライブをクロスへ。横上回転

サーブから始めるといきなり速いラリーの展開になってしまうため、持ち上げさせるために下回転系のサーブにすることが重要。ショートサーブではいい展開にならない、しかし、ロングサーブはレシーブで強打をされやすい。そんなときの攻撃パターンとして、ハーフロングサーブを持っておきたい。

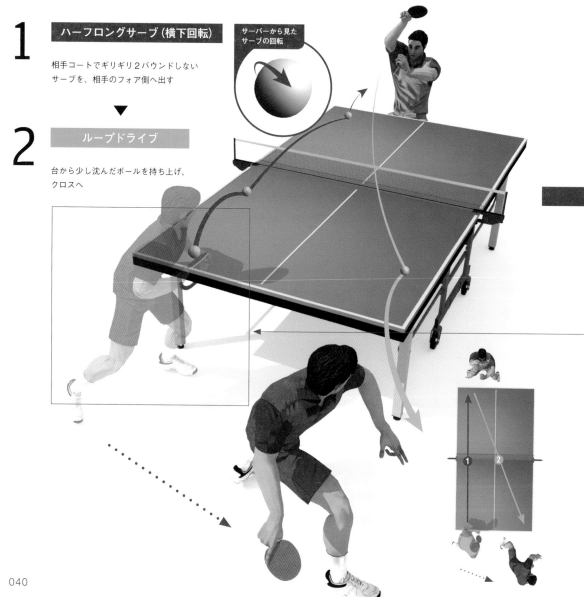

1 ハーフロングサーブ（横下回転）

相手コートでギリギリ2バウンドしないサーブを、相手のフォア側へ出す

サーバーから見たサーブの回転

2 ループドライブ

台から少し沈んだボールを持ち上げ、クロスへ

サイドを切る
ハーフロングも効果的

　ハーフロングサーブは真っすぐエンドラインの外に出すことが基本だが、横下回転（左回転）でフォアサイドを切ってコートの横に出しても効果的。横に落としても、相手はドライブで返球することが可能だが、ストレートへ打とうとするとラケットが台へ当たりそうになるため、必然的にクロスに返してきやすい。そのボールを狙う。

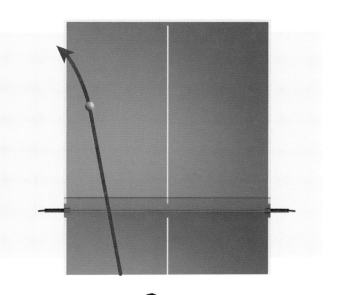

3

カウンター

フォアハンドドライブをクロスへ

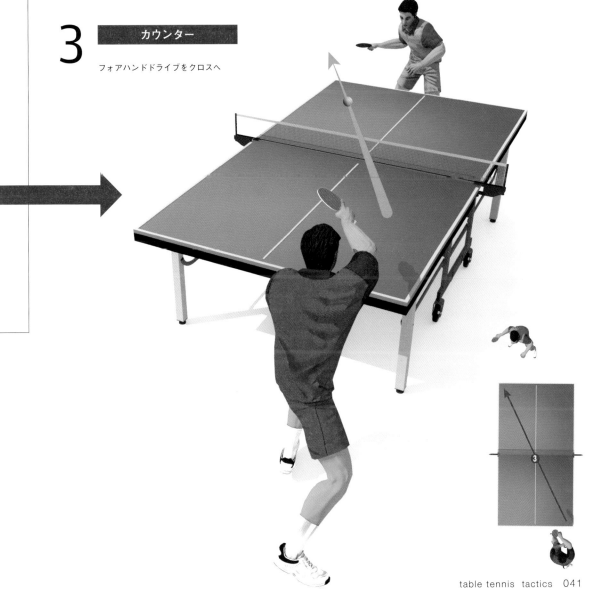

14 | ハーフロングサーブからの3球目

　ロングサーブ同様、ハーフロングサーブも下回転系であれば基本的にドライブでレシーブされるが、2バウンド目が台から少し出るということは、バウンドの頂点を過ぎて落ちはじめたボールを打たれることになる。レシーブは、ネットより高い位置であれば直線的に飛ばしてもボールの重みで相手コートに入るが、台と同じくらいの高さからネットを越すためには一度持ち上げて山をつくる必要があるため、レシーブが少し緩くならざるを得ない。そのボールを上から叩いていく。

■ ショートサーブ

- ● 第1バウンド
  ネット寄り
- ● 相手コートでのバウンド
  2バウンド以上
- ● レシーブ
  ツッツキ、ストップ、
  フリック（チキータ）

■ ロングサーブ（下回転系）

- ● 第1バウンド
  手前寄り
- ● 相手コートでのバウンド
  1バウンド
- ● レシーブ
  ドライブ

■ ハーフロングサーブ（下回転系）

- ● 第1バウンド
  ショートとロングの中間
- ● 相手コートでのバウンド
  1バウンド
  （2バウンド目はコート際）
- ● レシーブ
  ドライブ

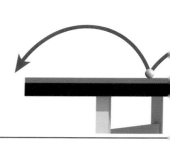

Kishi **Note**
ハーフロングに頼りすぎないこと

　ハーフロングは非常に効果的なサーブだが、そればかりを何度も続けると踏み込まれて強打される恐れがある。どのサーブにも言えることだが、「他のサーブやコースがあるかもしれない」と思わせてこそ、初めてそのサーブが活きてくる。ショートサーブやロングサーブを試合で使えるレベルまで磨いた上で、スパイスとしてハーフロングサーブを使おう。

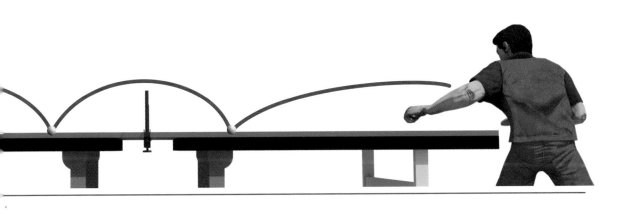

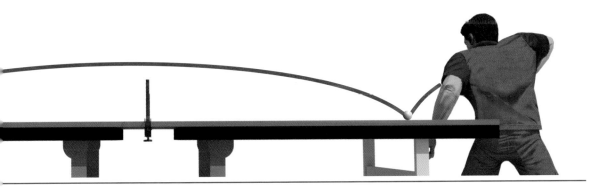

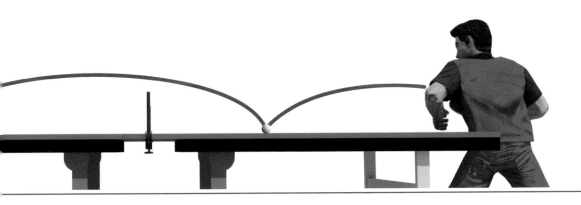

15 ツッツキレシーブからの4球目

▶ ドライブを強打されるつもりで準備

サーブ＋3球目に続き、自分がレシーバー側へ回ったときに想定される4球目までの基本パターンを紹介していく。

下回転系ショートサーブに対するレシーブの中で、最も安全かつ確実に返せるのがツッツキ。しかし、サーバー側の話でも触れたように、ツッツキはドライブで強打されることが多いため、あら

かじめ想定しておくことが必要となる。バック前にきた相手からの下回転系ショートサーブをクロスへツッツキレシーブ。クロスに返ってきた相手のバックハンドドライブを、4球目にブロック、またはカウンターで返球。3球目がフォア側に返ってきた場合は、カウンターのドライブを打っていく。

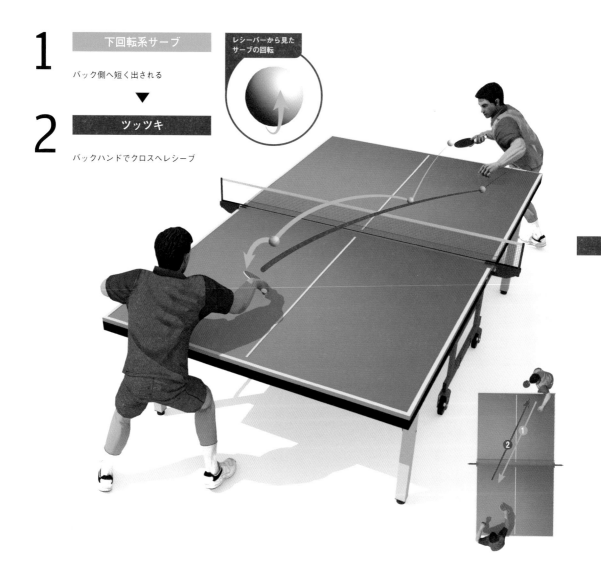

1 　下回転系サーブ
バック側へ短く出される

レシーバーから見た
サーブの回転

▼

2 　ツッツキ
バックハンドでクロスへレシーブ

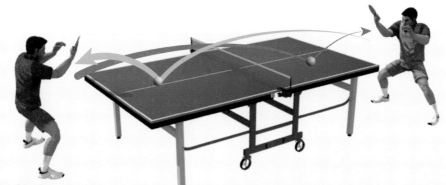

Kishi **Note**

バック対バックのラリーが多い理由

　４球目、５球目で互いがバックハンドでクロスへ返球した場合、その後の展開はバックハンド対バックハンドの長いラリーになることがある。ドライブをかける選手もいればフラットに当てていく選手もいるが、女子の試合では比較的卓球台に近い位置で、バック対バックになる場面がとくに多く見受けられる。ラリーが続きやすいのは、バック側は堅いブロックがあったり、振ってもフォアハンドほどはスピードが出ない選手が多いため。女子に多いのも、男子と比べてパワーがないことが理由。

3 パワードライブ or ドライブ

バックハンドでクロスへ

▼

4 ブロック

クロス、またはストレートへ。相手の３球目にそこまで威力がないときは、カウンターを狙ってもいい

16 ストップレシーブからの４球目

● ３球目のフリックをカウンターで迎撃

　３球目で相手にドライブ強打をさせないため、ストップでレシーブして４球目のカウンターにつなげるパターン。３球目のフリックも攻めの打法ではあるが、台上プレーのためドライブを打たれるよりはカウンターを狙いやすい。バック前に出された下回転系サーブに対し、相手のフォア前にストップレシーブ。クロスへ返球されたフォアハンドのフリックを、ドライブかスマッシュでカウ

ンター。カウンターと通常の打法の一番の違いは、バックスイングにある。緩いボールに対しては、ヒザを使ってバックスイングをしっかり引いて打つのが基本だが、速いボールがくる可能性があるときはバックスイングを極力抑え、コンパクトに強いボールを打つ。

1　下回転系サーブ
バック側へ短く出される

▼

2　ストップ
バック前にレシーブするとチキータが返ってくる可能性もあるため、フォア前へ

レシーバーから見た
サーブの回転

スマッシュは時間を短縮できる

　フリックなど上回転系のボールに対して、スマッシュではじいていく光景が近年よく見られるようになった。ドライブは相手の回転を自分の回転に変えなければいけないため、どうしてもバックスイングが必要だが、スマッシュは相手のボールの勢いを利用すればほとんどバックスイングがいらないため、時間短縮になる。スマッシュを使う選手が増えた背景には、2012年のロンドン五輪後にボールの素材がセルロイドからプラスチックに変わったことで、スピードや回転量が抑えられてスマッシュが打ちやすくなったことが関係しているだろう。

スマッシュ

3　フリック

ここでストップが返ってくる可能性も
想定しておく

▼

4　カウンター

フォアハンドドライブかスマッシュをクロス、またはストレートへ

17 攻撃的なレシーブからの４球目

● リスクを負って２球目から攻めていく

　ミスをするリスクは高まるが、バック前に出されたサーブをフリック、チキータ、台上バックハンドドライブなどの攻撃的なレシーブで積極的に攻めてチャンスをつくり、４球目で仕留めるパターン。バック前にきた相手のショートサーブに対し、クロスへチキータでレシーブ。クロスへブロックされたボールをバックハンドのドライブ、もしくはスマッシュで仕留める。４球目は回り込んでも OK。レシーバー側でも攻めの意識を忘れず、チャンスがあれば仕掛けていこう。

1　下回転系 or 横上回転サーブ

バック側へ短く出される

▼

2　チキータ

バックハンドフリック、台上バックドライブでも可

レシーバーから見た
サーブの回転

下回転　　横上回転

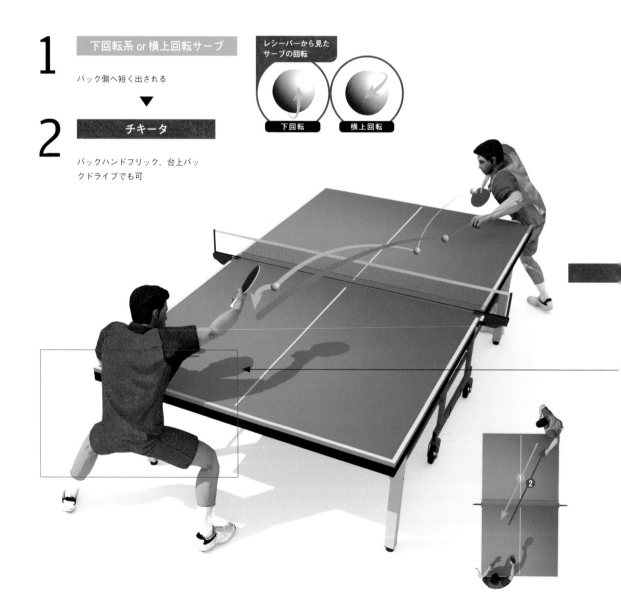

Kishi **Note**

チキータが打ち返されにくい理由

チキータは軌道が横に変化することも武器のひとつだが、一発でラリーを終わらせられる威力を持っていることが、対応されにくい一番の理由だ。ラケットを引きつけて溜めたところから思い切り回転をかけるが、台の中に入って打つために相手との距離が近く、台の外から打つドライブよりも、相手にとってはボールが速く感じられる。チキータを両サイドに打ち分ければ、相手は対応することが難しくなる。

相手の視野

3
ブロック

クロスへ返球

▼

4
パワードライブ or スマッシュ

バックハンド、もしくは回り込みで強打

18 戦型って何？

◉ スタイルを決めて勝利へ近づく

戦型（せんがた）とは、プレーをする上でのスタイルのこと。勝利に近づくためには、技術を習得することはもちろん、自身に適した戦型を見つけ、それぞれの長所を活かすための戦術を身につけることが大切。本書では下記のようにA、B、C、Dの4つのスタイルに分類し、相手の返球を予測しながら戦型別の戦術を紹介していく。

サーバー側のときは自身の特徴を活かしやすい展開に持ち込み、得点に結びつける、もしくは上回転のラリーに至るまでを図解する。レシーバー側ではその戦型が攻められやすいパターンを想定し、しのぎながらラリーをイーブン以上の状態に持ち込み、フィニッシュにつなげるまでを解説。なお、基本的に対戦相手はシェーク両面裏ソフトの攻撃型（A型もしくはB型）と仮定する。

A

両ハンド強打攻撃型

ラバー

フォア面_ 裏ソフト
バック面_ 裏ソフト

主に中陣でプレー。両ハンドのドライブ攻撃を軸に戦い、一発の威力で得点を奪うタイプ。早い段階から仕掛けていく分、ラリーの球数は少ない傾向にある。A型はパワーがあることが条件となるため、ほとんどが男子。

詳しくは ⟶ P054

B

両ハンドラリー主戦攻撃型

ラバー

フォア面_ 裏ソフト
バック面_ 裏ソフト

主に中陣でプレー。男女ともに最も多い戦型で、女子は前陣でプレーする選手もいる。両ハンドのドライブを主体に戦うのはA型と同じだが、こちらは一発の威力よりも安定感重視。ラリーに持ち込み、相手のミスを誘う。

詳しくは ⟶ P074

戦型はどうやって選ぶ？

ボールのスピードに自信がある、足腰が強い、ラリーが安定している、攻撃のテンポが早い、粘りの卓球が得意……。自分が持っているポテンシャルや、目指す選手のスタイルなどから戦型を考えていく。同じ戦型と言っても、まったく同じプレーをする選手はいない。体格や使っている用具、さらには性格によって、それぞれの個性が出てくるはずだ。

卓球台からの距離

個人差はあるが、それぞれの戦型はおおむね右記の距離でプレーすることが多い。一般的に、パワーがある男子のほうが女子よりも下がり気味となるが、近年は前陣でテンポの早い卓球を行う男子選手も出てきている。技術や用具の進化の他に、2012年のロンドン五輪後から導入されたプラスチックボールの影響も大きいだろう。セルロイドボールに比べて重く、以前ほどスピードや回転量が出にくくなったため、より前でプレーする選手が増えたと考えられる。

後陣	中陣	前陣
D	A	C
	B	
台からおよそ 2メートル以上	台からおよそ 1〜2メートル	台からおよそ 1メートル以内

C

異質ラバー攻撃型

ラバー

フォア面 _ 裏ソフト
バック面 _ 表ソフト

主に前陣でプレー。この戦型はほとんどが女子で、スピーディーな卓球を得意とする。フォア面とバック面、それぞれのラバーの球質の違いを活かしてチャンスをつくったり、相手のミスを誘ったりするプレーが持ち味。

詳しくは ⟶ P100

D

異質カット守備型

ラバー

フォア面 _ 裏ソフト
バック面 _ ツブ高 （男子）
　　　　　 表ソフト （女子）

主に後陣でプレー。バック面は男子がツブ高、女子はツブ高よりも攻撃的な表ソフトを貼るのが一般的。台から距離をとり、相手の攻撃をカットで返球する守備的な戦型だが、近年は積極的に攻撃を仕掛けていく選手も多い。

詳しくは ⟶ P118

現代卓球に不可欠な要素

昨今の卓球界で勝っていくためには、大きな穴がないことが何よりも重要。かつては何か欠点があったとしても、サーブが上手で3球目に速いフォアハンドドライブがあるなど、得意な技術を持っていれば勝っていける時代もあったが、オールマイティな選手が増えた現在では苦手な部分を徹底的に突かれてしまう。すべてが平均以上にできて、なおかつ何かが飛び抜けていることが望ましい。

第2章

両ハンド強打攻撃型（A型）の戦術

パワードライブやカウンターなど、リスクを恐れぬ一発強打で相手をねじ伏せる"卓球の華"と呼べる戦型で、サーブからの3球目や5球目はもちろん、レシーブや4球目でも積極的に攻め込んでいく戦術を紹介。バックハンドでも強打できるかがカギとなるだろう。

19 両ハンド強打攻撃型の特徴

▶ リスクを負って自ら得点を奪いにいく

ラバー	A 型の主な選手
フォア面_ **裏ソフト**	**張本智和**
バック面_ **裏ソフト**	**丹羽孝希**

A 型の必須技術 ● **回り込み**

　一発の威力で相手を仕留めるタイプで、ラリーの3球目や5球目など少ない球数で積極的に決めにいく。そのため、ミスをするリスクも大きい。サーバー側のときは下回転系のサーブを短く出し、相手のレシーブを強打するのが基本パターン。相手にラケットを振らせる前に仕留めるのが理想だが、やみくもにすべてを打っていくわけではなく、フォアなのかバックなのか回り込むのか、ある程度狙いを絞ってそれが的中すれば強打していくイメージ。

　男子よりもパワーがない女子は強打の後もラリーが続くことが多いため、基本的にこの戦型は男子限定となる。張本智和選手はパワーもあるが、何といっても打球点が早いスピード卓球が持ち味で、あまり相手にラリーをさせない。丹羽孝希選手は一発のパワーがあるタイプではないが、相手のボールの勢いを利用したカウンターが得意で、早めにラリーを終わらせることが多いため、リスクを負ったスタイルという点でこのタイプとする。

● カウンター

　サーバー側のときは3球目に回り込んで強打することも多いため、フットワークを磨いておきたい。ただ、ペンホルダーとは異なり、フォアハンドだけに特化するシェークハンドの選手はあまりいない。バックハンドでも得点を奪えるような強打を打てることが、A型の条件と言えるだろう。カウンターはレシーバー側で使うことが多い技術。相手のドライブに対し、ブロックよりもリスクの大きいカウンターで攻めていく。

ドライブ

カウンター

20 3球目回り込み

● ショートサーブからフォアハンドの強打へつなぐ

　下回転系のサーブを出した後にバック側へ回り込み、相手にツッツキで持ち上げさせたボールをフォアハンドで強打していくA型の王道パターン。下回転のショートサーブを相手のバック側へ出し（フォア側でも可）、バック側へのツッツキ

レシーブを回り込んでのフォアハンドドライブで仕留める。それをブロックで止められる場合、空いているフォア側を狙われる可能性が高いため、5球目は飛びつきからのドライブ、もしくはスマッシュでもう一度決めにいく。

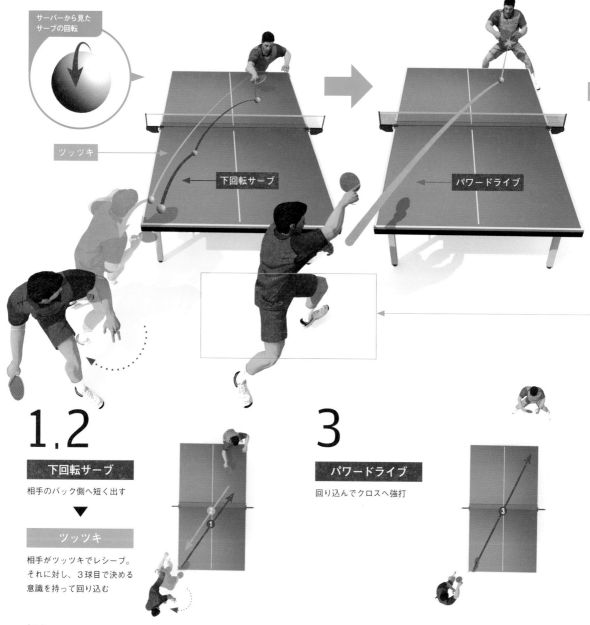

サーバーから見たサーブの回転

ツッツキ

下回転サーブ

パワードライブ

1.2

下回転サーブ
相手のバック側へ短く出す

▼

ツッツキ
相手がツッツキでレシーブ。それに対し、3球目で決める意識を持って回り込む

3

パワードライブ
回り込んでクロスへ強打

相手の視野

強打は単発で終わらないこと

　3球目、5球目で強打した後も、気を抜かないことが重要。3球目のボールをいきなり強く打つというよりは、ラリーの中で連続して強打を繰り返すようなイメージでプレーしよう。

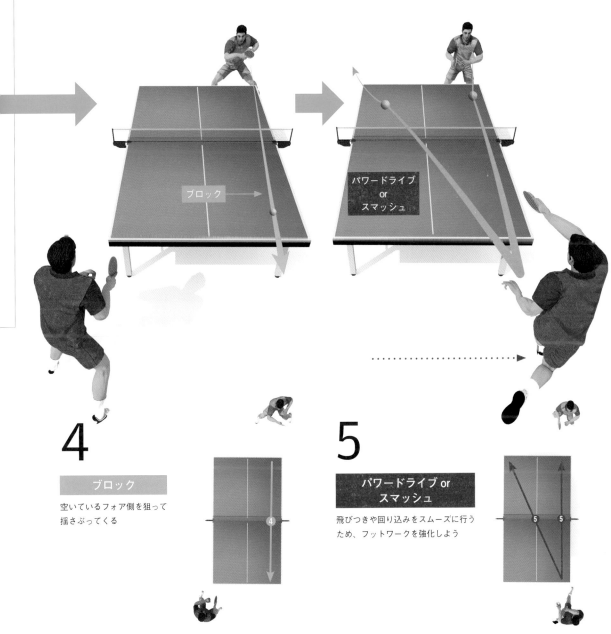

ブロック

パワードライブ
or
スマッシュ

4

ブロック

空いているフォア側を狙って
揺さぶってくる

5

パワードライブ or
スマッシュ

飛びつきや回り込みをスムーズに行う
ため、フットワークを強化しよう

21

3球目バックハンド強打

● バックハンドでも勝負を決められるように

　フォアハンドだけではなく、バックハンドでも得点を奪えることが現代卓球の主流。むしろ、バックハンドのほうが得意という選手も多い。P56と同じように下回転サーブを相手のバック側へ短く出し、相手からのツッツキレシーブをバックハンドドライブで強打。相手がクロスにブロックを返してきた場合、バックハンドドライブ、もしくは回り込んでのフォアハンドドライブで仕留める。バック側にボールを集められても、複数の選択肢からプレーをチョイスできるようになろう。

サーバーから見た
サーブの回転

ツッツキ　下回転サーブ　パワードライブ

1.2

下回転サーブ

相手のバック側へ短く出す

▼

ツッツキ

こちらのフォアハンド強打を防ぐため、相手にバック側へ返球される

3

パワードライブ

バックハンドで決めにいく

相手の視野

Kishi **Note**

バックハンドは現代卓球の肝

　ひと昔前まで「つなぎの打法」というイメージが強かったバックハンドだが、現在はバックハンドで直接得点を奪うことが主流となりつつあり、その重要性が高まっている。代表的なバックハンドの使い手としては、張本智和選手が挙げられる。

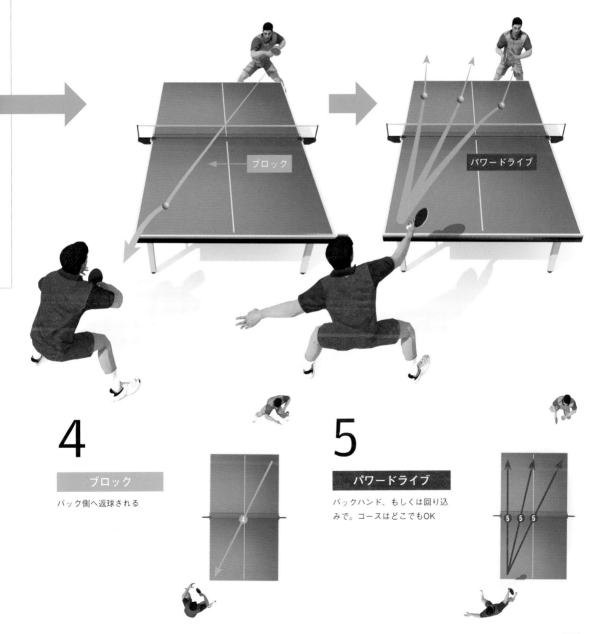

ブロック

パワードライブ

4

ブロック

バック側へ返球される

5

パワードライブ

バックハンド、もしくは回り込みで。コースはどこでもOK

22

3球目フリック

◉ 台上でも積極的に攻める

　下回転のショートサーブに対して相手からツッツキが返ってくることが理想だが、3球目でこちらにドライブを打たせないように、ストップで短くレシーブされることも多い。そんなときは、台上で積極的に仕掛けてチャンスをつくっていこう。

　フォア側のストップに対してはクロスへのフォアハンドフリックで攻め、つなぐだけになった相手のボールをフォアハンドドライブの強打で仕留める。3球目のフリックで相手を崩したことが、5球目の得点に結びついている。

サーバーから見た
サーブの回転

下回転サーブ　　ストップ →

フリック →

1.2

下回転サーブ

相手のフォア側へ短く出す

▼

ストップ

相手がこちらのフォア前にストップ

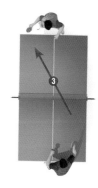

3

フリック

ここで威力のあるフリックが決まったと仮定

自分の視野

Kishi **Note**

トップ選手はツッツキが少ない

　トップ選手レベルになると、相手のドライブ強打を防ぐため、そう簡単にはレシーブでツッツキを打たなくなる。女子ではまだ見られるが、男子はストップやチキータでレシーブする展開が多い。

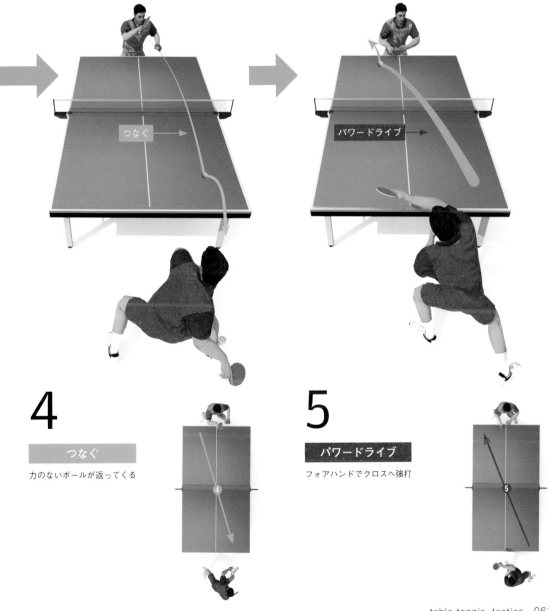

つなぐ

パワードライブ

4

つなぐ

力のないボールが返ってくる

5

パワードライブ

フォアハンドでクロスへ強打

23

3球目台上ドライブ

● 強打でチャンスメイク

相手のフォア前に出した下回転サーブを、バック前にストップされたときのパターン。3球目で台上バックハンドドライブをクロスへ打ち、こちらのバック側に返ってきた相手のブロックを、回り込みかバックハンドドライブの強打で仕留める。

台上ドライブは台上技術の中でも最強と呼べるほどの威力を誇り、場合によっては一発で得点を奪うこともできる。その分、リスクも大きい打法だが、バック側に短いレシーブが返ってきたときはA型の特性を活かして攻めていきたい。

サーバーから見た
サーブの回転

ストップ

下回転サーブ

台上ドライブ

1.2

下回転サーブ

フォア前に短く出すことで、チキータレシーブを防ぐことができる

▼

ストップ

相手がこちらのバック前にストップ

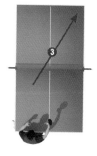

3

台上ドライブ

タメをつくり、クロスへ強打

Kishi **Note**

台上ドライブはチキータの派生形

　台上ドライブは逆チキータなどと並び、チキータから派生した技。チキータと同じようにラケットを体に引きつけてパワーを溜め、ボールがきたら台上で一気に開放させる。そもそもチキータとは、チェコのピーター・コルベル選手が開発した、手首の反動を利用した横回転のバックフリックのこと。2011年の世界選手権で中国の張継科選手がチキータを多用して優勝したことで、世界的に広まった。今では子どもでも使いこなせる選手が多く、スタンダードな技術となりつつある。

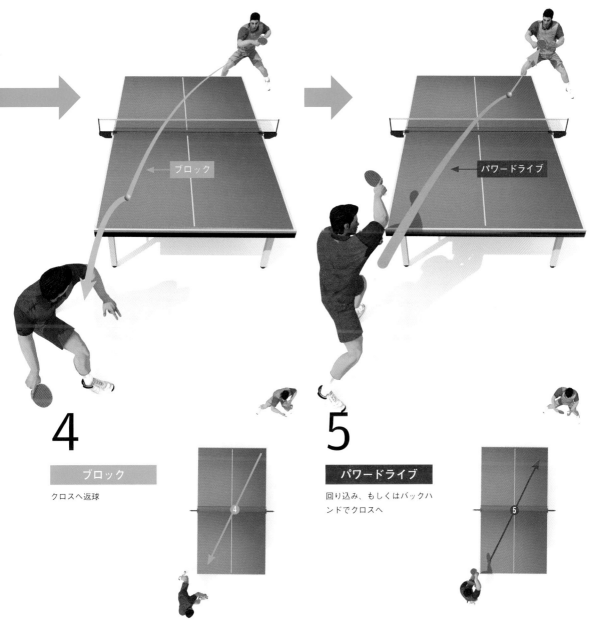

ブロック

パワードライブ

4

ブロック

クロスへ返球

5

パワードライブ

回り込み、もしくはバックハンドでクロスへ

24 意表を突く

◉ サーブに変化をつけて相手を翻弄する

ショートの下回転サーブを何球か続けた後、回転や長さの違うサーブで意表を突いて相手を崩し、3球目で強打に持ち込む。横下回転のロングサーブを相手のバック側に出し、ショートサーブを予測して踏み込もうとした相手は、やむを得ず威力

や回転が不十分なドライブでレシーブ。そのボールを、バックハンドドライブか回り込んでのフォアハンドドライブで強打。距離をとった相手がロビングでつないできたボールを、フォアハンドのドライブかスマッシュでふたたび強打する。

サーバーから見たサーブの回転

まずい 下がらなければ…

ロングサーブ（横下回転）

ドライブ（威力や回転が不足）

1
ロングサーブ（横下回転）
メインとなる下回転のショートサーブから、横下回転のロングサーブに変える

2
ドライブ（威力や回転が不足）
相手はショートサーブに対応しようと前に踏み込もうとしていたため、ロングサーブで不意を突かれ不十分な体勢でのドライブになっている

サーブに変化をつけるときのポイント

　3球目、5球目で下回転系のボールを強打したいA型タイプも、レシーブで相手が崩れてくれれば強打に持ち込めるため、時おりショートの下回転以外のサーブも交ぜていくと有効だ。サーブの変化のつけ方は主に、「回転」と「長さ」のふたつ。

■ 回転　下回転 → 横下（上）回転、ナックルなど
■ 長さ　ショートサーブ → ロングサーブ

　ロングサーブは横上回転でもOKだが、下回転の要素が入っていると真っすぐには打ち返せないため、ここでは横回転をチョイスした。スピードが出にくいため、ロングサーブに純粋な下回転を使うことはほとんどない。

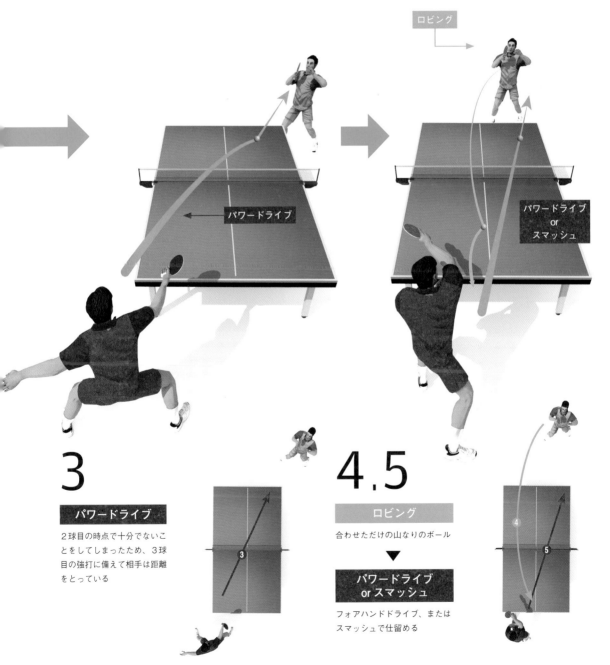

ロビング

パワードライブ

パワードライブ or スマッシュ

3

パワードライブ

2球目の時点で十分でないことをしてしまったため、3球目の強打に備えて相手は距離をとっている

4,5

ロビング

合わせただけの山なりのボール

▼

パワードライブ or スマッシュ

フォアハンドドライブ、またはスマッシュで仕留める

25 ストップレシーブ

▶ レシーブからの４球目で主導権を握る

　Ａ型は長いサーブを出されるとレシーブでいきなり強打する可能性があるため、比較的短いサーブを出されることが多い。フォア前に出された短い下回転サーブを、バック前にストップ。相手もストップで返してきたところをフリックで狙っていく。台上の攻防が続く中でも、隙があればつねに強いボールを打つ意識を持とう。

　仮に４球目のフリックで相手が崩れて長いチャンスボールが返ってきたら、すかさずパワードライブかスマッシュで強打する。

レシーバーから見たサーブの回転

下回転サーブ

ストップ

1

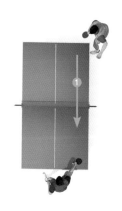

下回転サーブ

フォア側に短く出される

2

ストップ

ストレートに短くレシーブ

Point

ストップが続く攻防は心理戦

　レシーブでは強打できないと判断したとき、次に考えるのは「3球目で相手に強打させたくない」ということ。そこで、短いストップレシーブをバック前に出す。相手も強打ができない、とはいえ長く返せばこちらに強打されてしまうため、3球目でフォア前にストップ。男子の試合で多く見られるストップが続く攻防には、こうした心理が隠されている。

ストップ →

フリック →

3

ストップ

3球目のストップは、バック側に返ってくることもある。その場合、可能であれば4球目に台上ドライブを打っていこう

4

フリック

フォアハンドでクロスへ

26 攻撃的なツッツキでレシーブ

● 鋭く返球してチャンスメイク

　ストップよりも攻撃的なレシーブを返していくパターン。フォア側にきた下回転ショートサーブを鋭く突っつき、不意を突かれた相手がドライブでつないできたところをカウンター(回り込んでのフォアハンドドライブか、バックハンドドライブ)で仕留める。通常のツッツキレシーブであれば逆に3球目で相手に強打されてしまう可能性があるが、攻撃的なツッツキは打球点が早く相手のタイミングを狂わせるのに有効で、ボール自体も低く速いためチャンスをつくりやすい。

1

下回転サーブ

フォア側に短く出される

2

攻撃的なツッツキ

深く鋭く返球

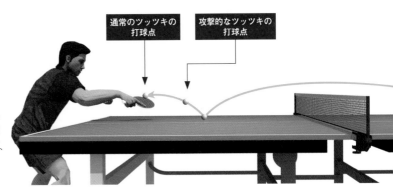

通常のツッツキの
打球点

攻撃的なツッツキの
打球点

Point

通常のツッツキと
攻撃的なツッツキの違い

　頂点を過ぎてから打つ通常のツッツ
キとは違い、攻撃的なツッツキは頂点
に達する前の早い打点で低く鋭く返球
する。ネットミスのリスクは高まるが、
仕掛ける際に効果的な技。

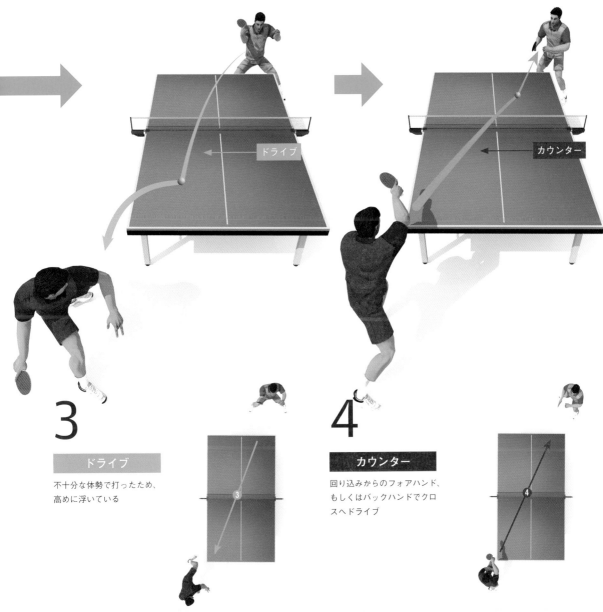

ドライブ

カウンター

3

ドライブ

不十分な体勢で打ったため、
高めに浮いている

4

カウンター

回り込みからのフォアハンド、
もしくはバックハンドでクロ
スへドライブ

27 チキータレシーブ

● バック側にきたサーブは迷わず狙う

　バック側にきた下回転サーブを、チキータでクロスにレシーブ。チキータがくることを予測していた相手のバックハンドドライブを、回り込みからのフォアハンドかバックハンドのカウンターでさらに上回る。技のレパートリーにチキータがあ

る選手に対してはフォア側にサーブを出すのが基本だが、チキータの爆発的な普及により対策も多く練られているため、バック側に出してあえて打たせるケースも見られる。いずれにせよ、実戦でチキータを使えるようにしておくことが大切だ。

レシーバーから見た
サーブの回転

下回転サーブ

チキータ

1

下回転サーブ

バック側に短く出される

2

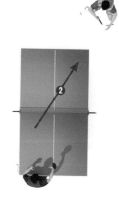

チキータ

クロスへレシーブ

Kishi **Note**

個々の相性によっても戦術は変わる

　卓球は相性がモノを言うスポーツ。同じチキータでも、打たれたらやっかいだと感じ
るものもあれば、攻略しやすいと感じるチキータもある。その場合はあえて打たせるた
め、相手はバック側にサーブを出すことも多くなるだろう。自分が得意なパターンでも
相手が嫌ではないこともあり、逆に自分が苦手なことが相手も苦手というケースもある。

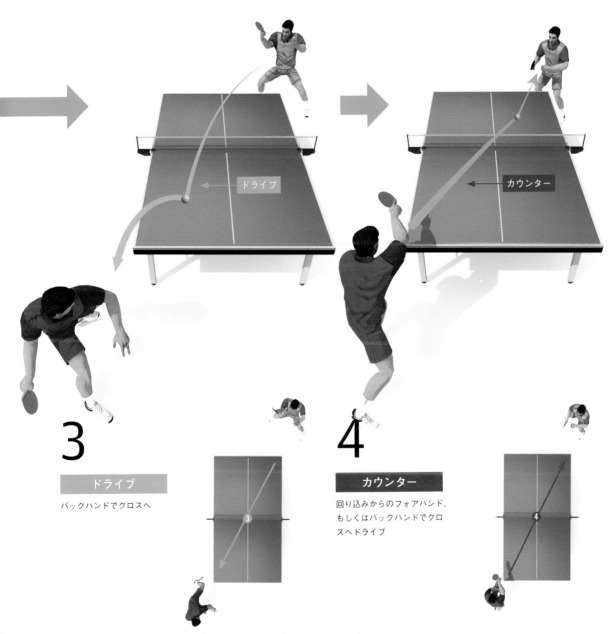

3

ドライブ

バックハンドでクロスへ

4

カウンター

回り込みからのフォアハンド、
もしくはバックハンドでクロ
スへドライブ

第3章

両ハンドラリー主戦攻撃型 (B型)の戦術

安定したラリーが特徴で、攻守のバランスに優れたオールラウンドの戦型。コースや長さ、緩急など、あらゆる材料を総動員して相手を攻略する。同じシェーク両面裏ソフトドライブ型でも、ときに相手の流れを断ち切る A 型に対し、流れに逆らわないのが B 型の特徴だ。

28 両ハンドラリー主戦攻撃型の特徴

▶ 緩急やコースの変化でジワジワ追い詰める

ラバー	B型の主な選手
フォア面 _ **裏ソフト** バック面 _ **裏ソフト**	**水谷隼／石川佳純** **平野美宇**

B型の必須技術 ● **ブロック**

ブロック→

　一発で仕留めにかかるA型に対し、緩急やコースの変化などのコンビネーションでジワジワと追い詰めていくのがB型の特徴。そのため、A型よりもラリーの回数は多めになる。ショートサーブから入り、3球目に自分から仕掛けて上回転のラリーに持っていくか、ロングサーブをあえて相手に打たせ、ブロックしてからラリーに入るパターンもある。

　いずれにせよ、相手にまず打たせるところがA型との違いと言えるだろう。当然、チャンスがあ

れば自分から早めに得点を奪いにいってもいい。本書のB型サーバー側では、バックハンドのラリーに持ち込むまでと、バックハンドのラリーから得点を奪うまでに分けて解説する。

　B型は最も人口が多く、とくに女子の両面裏ソフトシェーク攻撃型のほとんどはB型に定義づけされるため、攻守のバランスを重視する石川佳純選手のようなタイプもいれば、平野美宇選手のように前陣で両ハンドの強打を打つ攻撃的な選手もいて、タイプはさまざまだ。

● ループドライブ

　B型の選手は、カウンターよりリスクが少ないブロックを使う機会が非常に多く、ブロックで相手を左右に揺さぶってミスを誘うこともある。ただ、本当に甘いボールを強打されると防ぎきれなくなってしまうため、ブロックしやすいようにその前のボールは攻撃的なツッツキで鋭く返球するなど、ある程度の厳しさが必要となる。もうひとつはチェンジオブペースとして、テンポの早いラリーの中に緩やかなループドライブを織り交ぜるのも効果的だ。

ループドライブ

29 横上回転サーブ → ドライブ

◉ 自分から仕掛けてラリーの展開へ持ち込む

横上回転サーブをバック側へ短く出し、相手がフリックでクロスへレシーブ。それをドライブで軽く合わせ、4球目以降はバックハンドのラリーに持ち込む。1球目からラリーまで終始、上回転系の球質で展開していく。相手のバック側に上回転系のショートサーブを出した段階で、レシーブはほぼフリックかチキータに絞れるため、そのどちらかが返ってくることを想定してドライブの準備をして待つ。上回転系のサーブは浮きやすいため、なるべく低く出せるように心がけたい。

サーバーから見た
サーブの回転

横上回転サーブ

フリック

1

横上回転サーブ

相手のレシーブ強打を防ぐため、
短く出す

2

フリック

こちらのバック側へレシーブ

サーバー側が持つアドバンテージ

　3球目の時点ですでにラリーの主導権はイーブンに近い状況に思えるが、サーバー側がその後の展開を描いているのに対し、レシーバー側は何をされるか未知の部分があるため、まだサーバー側が少し有利と言える。レシーバー側が下回転系や長いサーブがくると予測していたら、少し対応が遅れたりミスしたりすることも考えられる。

相手のタイプによって4球目以降は変わる

　相手が同じB型であれば、3球目と同じようなドライブを4球目に打ってくる可能性が高い。しかし、仮に相手がA型の場合、自分は4球目での強打に備え、5球目でブロックを行うことも頭に入れておきたい。

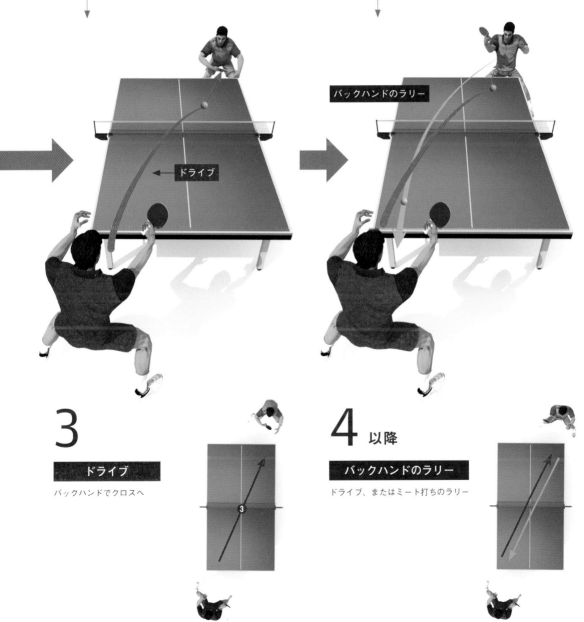

3

ドライブ

バックハンドでクロスへ

4 以降

バックハンドのラリー

ドライブ、またはミート打ちのラリー

30 ロングサーブ → ブロック

▶ あえてレシーブで相手に強打させる

P76-77が自分から仕掛けてラリーへ持ち込んでいるのに対し、こちらはレシーブで相手に仕掛けさせる戦術。長く出せば大抵の相手は打ってくるため、サーブは横下回転でも横上回転でもどちらでも可。レシーブで相手がバックハンドドライブを強打してきたと仮定し、3球目はクロスへブロック。4球目以降はラリーの応酬となる。この戦術のポイントは、3球目のブロックでミスをしないこと。レシーブで強打がくることを想定して準備すれば、成功する確率は高くなる。

サーバーから見た
サーブの回転

横下回転　　横上回転

ロングサーブ
(横下回転or横上回転)

パワードライブ

1

ロングサーブ
(横下回転or横上回転)

ロングサーブをバック側に出して、
相手に打たせる

2

パワードライブ

クロスへ強打される

Kishi **Note**

ブロックはバック側へ返すことが多いが……

　基本的に、ブロックはバック側へ返す選手が多い。理由としては、フォアハンドのほうが強打の確率が高いことと、フォアハンドは懐が広く、バックハンドよりもどこに打ってくるかわかりづらいため。ただ、A型のように回り込みを多用するタイプに対しては、バック側へ出すと厄介なためフォア側へブロックする回数が多くなる。初対戦で相手の情報がない場合などは、試合の序盤はバック側へ出して様子をうかがうのがセオリー。

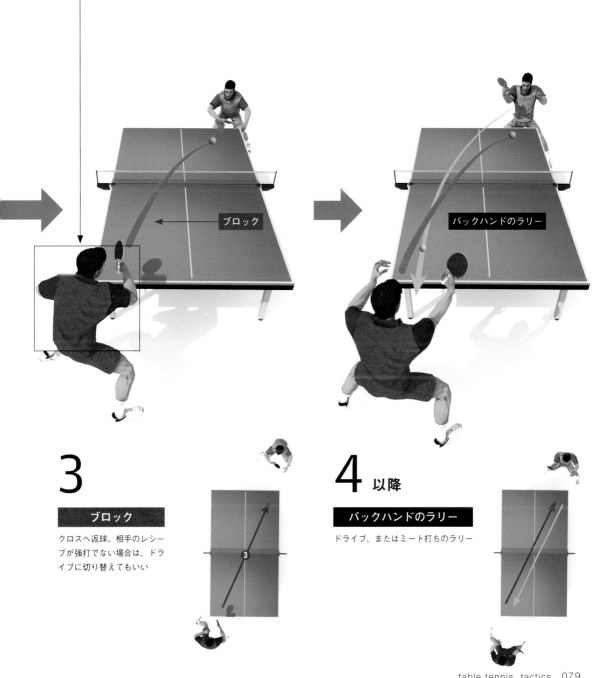

3

ブロック

クロスへ返球。相手のレシーブが強打でない場合は、ドライブに切り替えてもいい

4 以降

バックハンドのラリー

ドライブ、またはミート打ちのラリー

31 下回転サーブ → ループドライブ

◉ 回転量の多いドライブで相手を翻弄

　サーブ、レシーブまではＡ型にも同様のパターンがあるが、３球目をパワードライブよりもミスのリスクが少ないループドライブに変え、バック側に回り込んで打つ。必然的に４球目はフォア側に振られることが多くなり、５球目は相手のバック側にドライブを打って、６球目以降のバックハンドのラリーに持ち込む。ループドライブで直接得点を奪うことは難しいが、緩急をつけることで相手のリズムを狂わせ、４球目でブロックを打たせたところからラリーに移行する。

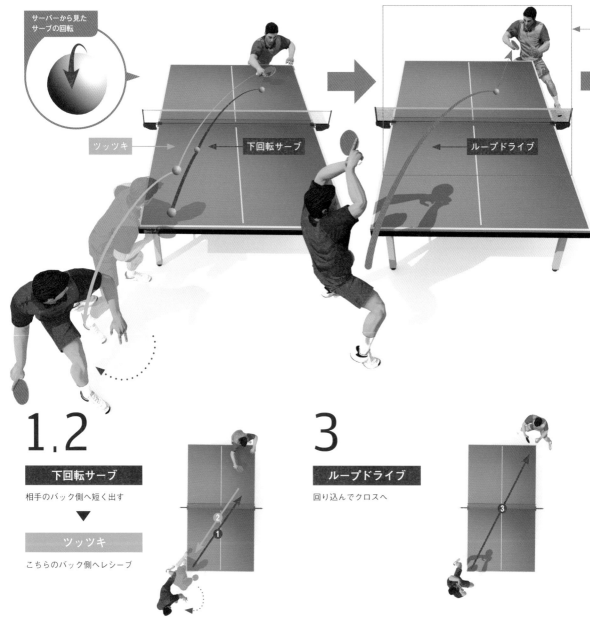

サーバーから見た
サーブの回転

ツッツキ ← 下回転サーブ

ループドライブ

1.2

下回転サーブ

相手のバック側へ短く出す

▼

ツッツキ

こちらのバック側へレシーブ

3

ループドライブ

回り込んでクロスへ

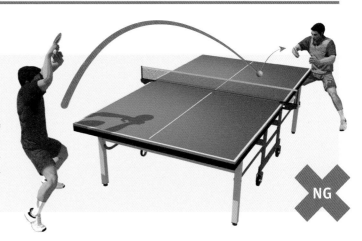

Point

高く浮くのはNG

　高く浮いた場合や回転量が足りない場合、ループドライブはカウンターで強打される恐れがある。次ページで紹介している特徴を把握して、低く回転量が多いループドライブを打てるようになろう。

NG

ブロック

バックハンド
のラリー

ドライブ

4

ブロック

空いたフォア側へ振られる

5,6以降

ドライブ

フォアハンドのラリーに持ち込みたい
場合は、フォア側へ返球する

▼

**バックハンド
のラリー**

ドライブ、またはミート打ちのラリー

31 | 下回転サーブ → ループドライブ

Kishi **Note**

ループドライブの特徴

　基本的に、ループドライブは体の横で十分なタメをつくれるフォアハンドで打つ。攻撃的なパワードライブに比べてスピードは劣るが、その分回転量が多い。打球直後はゆっくりと山なりの弧線を描き、バウンドすると回転量によって軌道や球速が変化し、低く速く飛んでいく。そのため、緩急で相手のリズムを狂わせやすい。名手にはドイツのティモ・ボル選手が挙げられる。ボル選手は低い打球点から足腰、ヒジ、手首をフルに使い、低い軌道で猛烈な回転のかかったループドライブを多用する。

■ 回転量を上げるための三箇条

1　ヒザを落とし、　ボールを引きつける

2　下から上方向へ　速く鋭くスイング

3 ボールは薄くこする

接地面が薄ければ薄いほど強い回転がかかる。ラバー部分でこすり終わるのが理想

スポンジ

上方向に
スイング

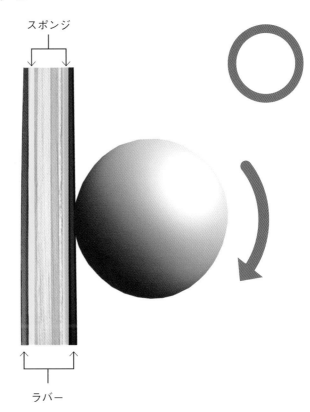

ラバー

スポンジ部分までボールが食い込んでしまうと、回転量は落ちる

スポンジ

斜め前方向に
スイング

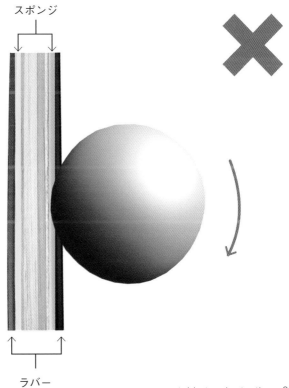

ラバー

31 | 下回転サーブ → ループドライブ

■ 他のドライブとの違い

〔打球前〕

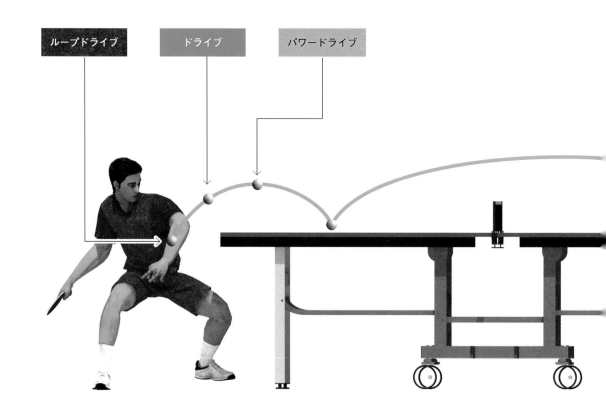

● 打球点

ループドライブ ── 卓球台と同じ高さくらい

ドライブ ──────── バウンドの頂点を過ぎた後

パワードライブ ── バウンドの頂点付近

● 打球感覚

ループドライブ ──────── こする（極力薄く）

ドライブ ──────────── こする

パワードライブ ──────── こする＋はじく

〔打球後〕

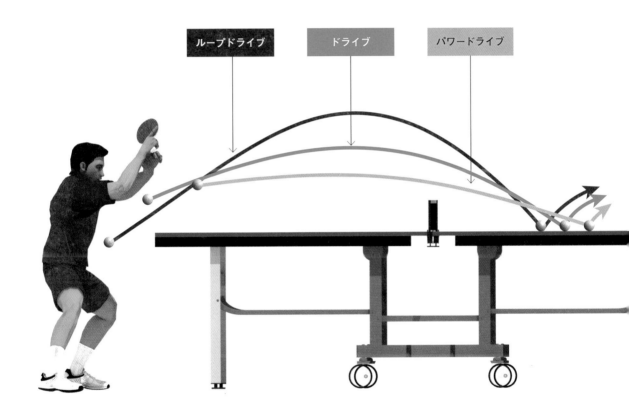

● スイング

ループドライブ ──── 垂直方向

ドライブ ──── 斜め上方向

パワードライブ ──── 水平方向

● 球速

ループドライブ ──── 遅い

ドライブ ──── 普通

パワードライブ ──── 速い

32 下回転サーブ → 攻撃的なツッツキ

◉ 相手の強打を防ぐため、肝となる3球目

　下回転のショートサーブに対し、相手がツッツキではなくストップレシーブをしてきたときの戦術。こちらのバック側へ返ってきたストップに対し、3球目は攻撃的なツッツキをクロスへ長く返す。4球目で相手に打たせたバックハンドドライブを相手のバック側へブロックし、バックハンドのラリーへ移行する。打球点が早くスピードのある攻撃的なツッツキを深く返球して不意を突くことで、4球目はやや不十分なドライブとなりブロックを返しやすくなっている。

サーバーから見た
サーブの回転

ストップ

下回転サーブ

攻撃的なツッツキ

1.2

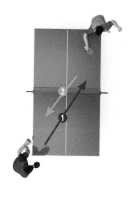

下回転サーブ

相手のバック側へ短く出す

▼

ストップ

こちらのバック側へ短くレシーブ

3

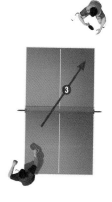

攻撃的なツッツキ

低く鋭く深く、クロスへ返球

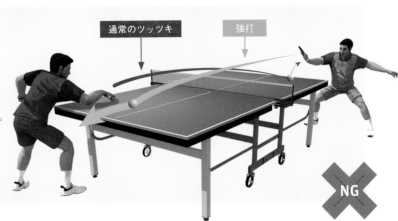

Point

通常のツッツキでは強打されやすい

　相手の4球目は、強打ではなくつなぐドライブにさせるのが理想。そのため、3球目は攻撃的なツッツキで鋭く返球して強打を封じよう。通常のツッツキでは4球目で仕留められてしまう恐れがある。

NG

4

ドライブ

バック側だけではなく、フォア側に打たれることも想定しておきたい

5.6以降

ブロック

クロスへ

▼

バックハンドのラリー

ドライブ、またはミート打ちのラリー

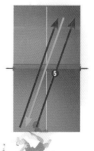
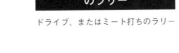

33 バックハンドラリーからの展開 ①

▶ 左右に揺さぶって相手を翻弄

　ここからは、バックハンドのラリーに持ち込んでから得点を奪うまでの戦術を紹介する。最もスタンダードなのは、左右に振って相手を崩す方法。ラリーの中で突然、ドライブをストレートに打ち、不意を突かれた相手は威力や回転が不十分なフォアハンドドライブをストレートに返す。体勢よく

打球ができればクロスのほうが打ちやすいが、ボールを追って打球点が下がった状態からクロスへ返球することは難しいため、ストレートに返ってくることが多い。ドライブをクロスへ打ち、つなぐだけになって浮いた相手のボールをドライブかスマッシュで強打し、得点を奪う。

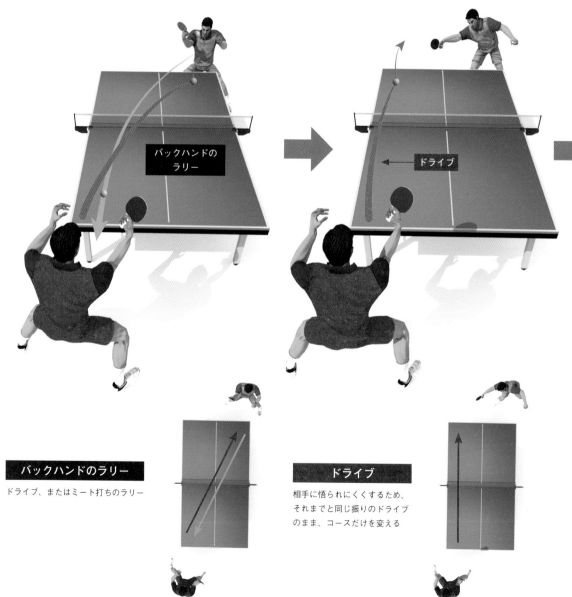

バックハンドのラリー

バックハンドのラリー

ドライブ、またはミート打ちのラリー

ドライブ

ドライブ

相手に悟られにくくするため、それまでと同じ振りのドライブのまま、コースだけを変える

Kishi **Note**

コースに変化をつけてミスを誘う

　ただバックハンドのラリーをつなぐだけでは相手のミスを誘えないため、多少の緩急をつけながらコースを変化させて相手を横に揺さぶる。狙うコースとしては、相手のフォア側かミドル（P90参照）。相手が最初に崩された段階（コート図３枚目）でボールの威力は弱まっており、コート図４枚目ではさらに崩れてこちらのコートに入れるのが精一杯の状況。一度の変化で相手を崩し切れない場合は、バックハンドのラリーに戻してもう一度トライしよう。こうしたバックハンドラリーからの展開は、女子の試合で多く見られる。

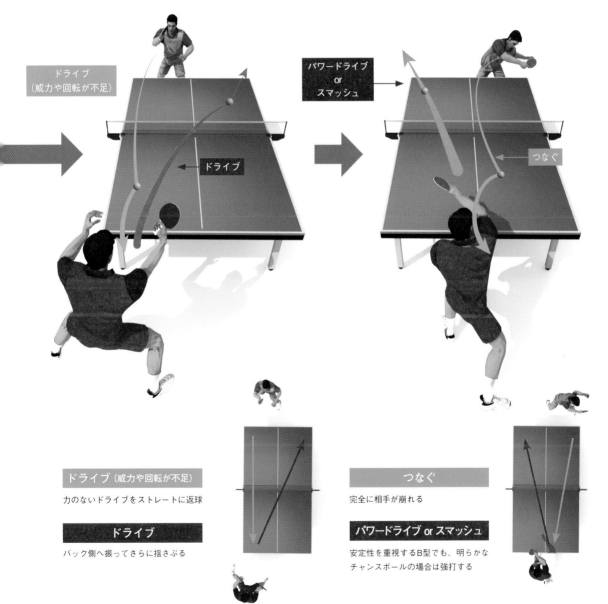

ドライブ（威力や回転が不足）

ドライブ

パワードライブ or スマッシュ

つなぐ

ドライブ（威力や回転が不足）

力のないドライブをストレートに返球

ドライブ

バック側へ振ってさらに揺さぶる

つなぐ

完全に相手が崩れる

パワードライブ or スマッシュ

安定性を重視するB型でも、明らかなチャンスボールの場合は強打する

34 バックハンドラリーからの展開 ②

● ミドルを突いて詰まらせる

　バックハンドのラリーから、ミドルへドライブを打つのも効果的。ミドルはバックハンドとフォアハンドのどちらで返球してくることも考えられるが、バックハンドでとる場合、相手は右へ動くためこちらは逆方向のクロスへドライブを打つ。その後はバック対バックのラリーに戻る、もしくは相手が崩れていれば、ストレートにバックハン

ドドライブを打つ。さらに崩れて甘いボールがきたところを仕留める。

　ミドルへのボールをフォアハンドで返球する場合、相手は少し左へ動いて打つ。そこからバック対バックに戻る場合もあれば、ある程度詰まらせていると判断したらストレートへ振るのも手。甘いボールが返ってきたら仕留める。

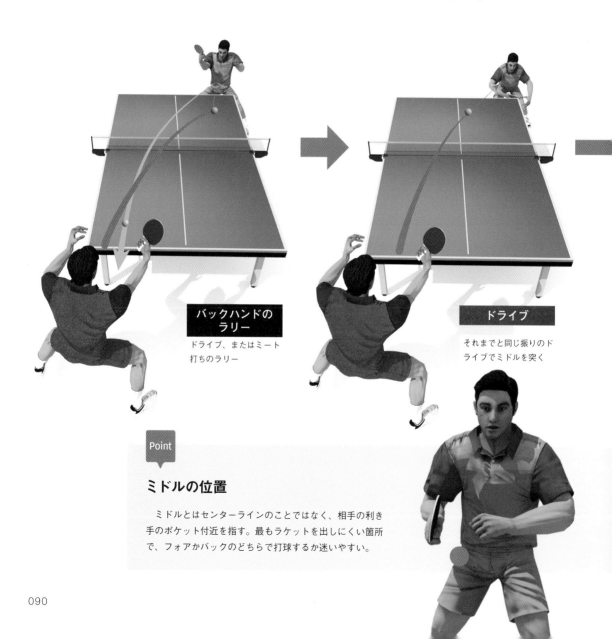

バックハンドのラリー

ドライブ、またはミート打ちのラリー

ドライブ

それまでと同じ振りのドライブでミドルを突く

Point

ミドルの位置

　ミドルとはセンターラインのことではなく、相手の利き手のポケット付近を指す。最もラケットを出しにくい箇所で、フォアかバックのどちらで打球するか迷いやすい。

■ 相手がバックハンドで返球してきた場合

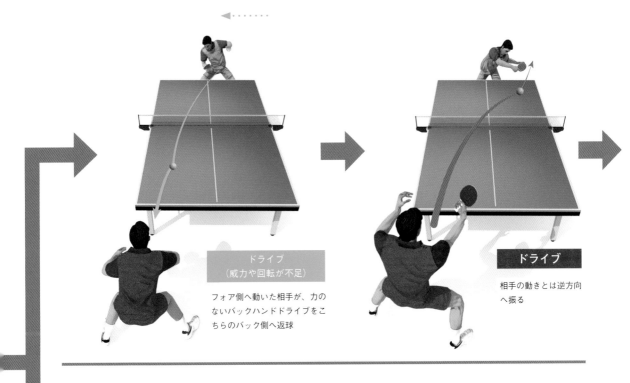

ドライブ
（威力や回転が不足）

フォア側へ動いた相手が、力の
ないバックハンドドライブをこ
ちらのバック側へ返球

ドライブ

相手の動きとは逆方向
へ振る

■ 相手がフォアハンドで返球してきた場合

ドライブ
（威力や回転が不足）

バック側へ動いた相手が、力の
ないフォアハンドドライブをこ
ちらのバック側へ返球

ドライブ

相手の動きとは逆のスト
レートへ振る

34 | バックハンドラリーからの展開 ②

■ 相手がバックハンドで返球してきた場合

ドライブ
（威力や回転が不足）

力のないバックハンドドライブ
をクロスへ

ドライブ

ストレートにバックハン
ドドライブを打ち、さら
に相手を崩す

■ 相手がフォアハンドで返球してきた場合

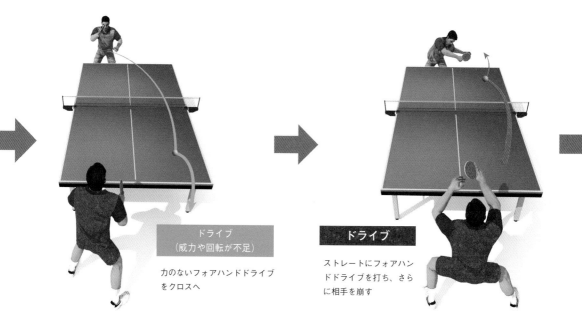

ドライブ
（威力や回転が不足）

力のないフォアハンドドライブ
をクロスへ

ドライブ

ストレートにフォアハン
ドドライブを打ち、さら
に相手を崩す

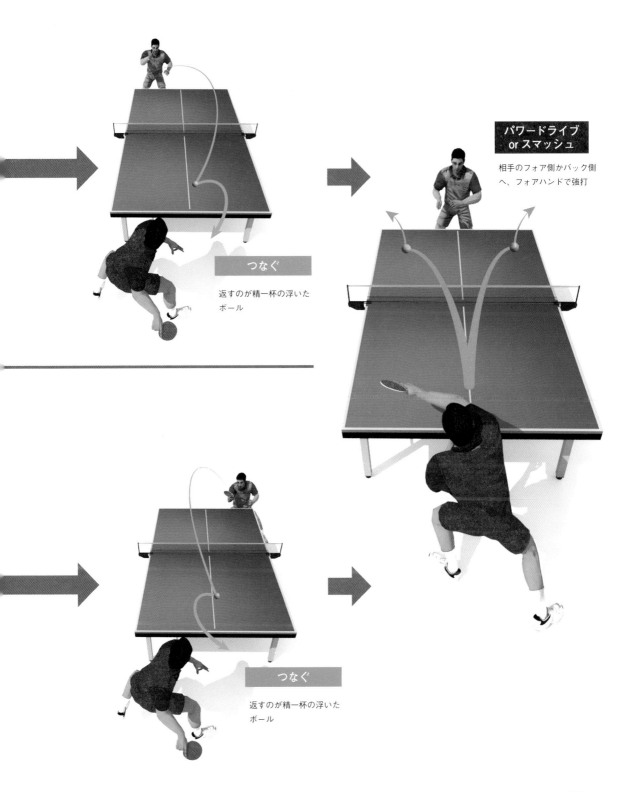

つなぐ

返すのが精一杯の浮いた
ボール

パワードライブ
or スマッシュ

相手のフォア側かバック側
へ、フォアハンドで強打

つなぐ

返すのが精一杯の浮いた
ボール

35 ストップ → ブロック

◉ 鉄壁のディフェンスで強打を切り抜ける

　相手は強打したいタイプ（A型）と仮定。必然的にサーバー側の相手が攻めるパターンが増えるため、得意のラリーに持ち込むには相手の強打をブロックで止められるかがポイントになる。A型は下回転系サーブから3球目で強打するタイプが多いため、ストップレシーブをバック側へ短く返し、まずは打たせないようにする。相手の台上ドライブをクロスへブロックした後は、さらに強いバックハンドドライブか回り込みのフォアハンドドライブ強打を、ふたたびブロックでしのぐ。

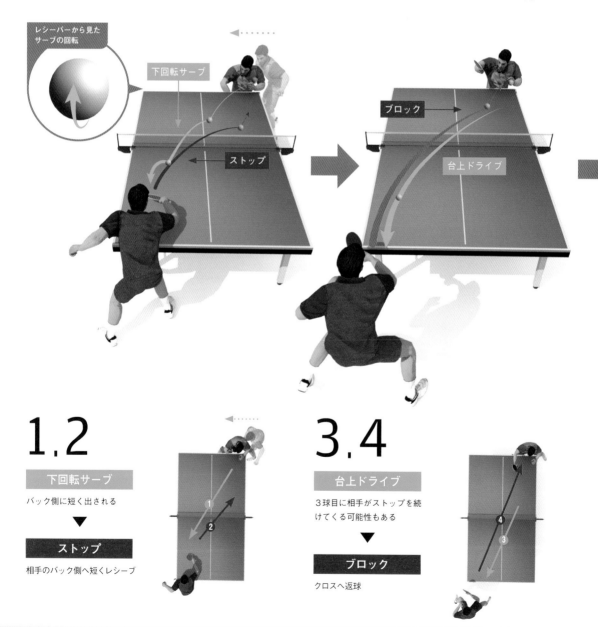

レシーバーから見たサーブの回転

下回転サーブ

ストップ

ブロック

台上ドライブ

1.2

下回転サーブ
バック側に短く出される

▼

ストップ
相手のバック側へ短くレシーブ

3.4

台上ドライブ
3球目に相手がストップを続けてくる可能性もある

▼

ブロック
クロスへ返球

Point

ストレートブロックでもおもしろい

　左右への揺さぶりの要素も入るため、6球目のブロックはフォア側に返してもおもしろい。A型は最終的にフォアハンドで決めたい選手も多いため、5球目でバック側へ回り込んだ場合はフォア側に抜ける可能性が高い。強打をストレートへブロックするのはオーバーミスのリスクが高まるが、最初からブロックをするつもりで準備すれば入る確率は高まる。

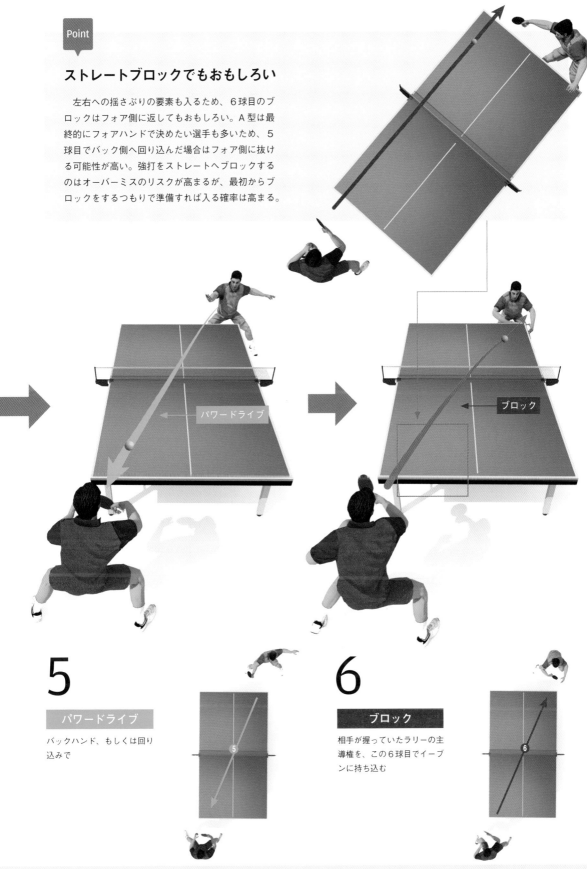

パワードライブ

ブロック

5

パワードライブ

バックハンド、もしくは回り込みで

6

ブロック

相手が握っていたラリーの主導権を、この6球目でイーブンに持ち込む

36 ツッツキレシーブをミドルへ

▶ 意図的に打たせて相手を詰まらせる

相手の打ち気を誘うレシーブをミドルへ返球することで、野球の「打たせてとるピッチング」のように詰まらせる戦術。相手の下回転サーブをミドルへ突っつく。フォアハンドのバックスイングをとっているためミドルへの対応が遅れやすく、

相手のドライブは詰まり気味。そのボールをストレートへ強めのブロック。カウンターほどではないが威力があるため、相手は下がらざるを得ない。台から下げられた相手は詰まりながらクロスへドライブ。それをストレートに返球して揺さぶる。

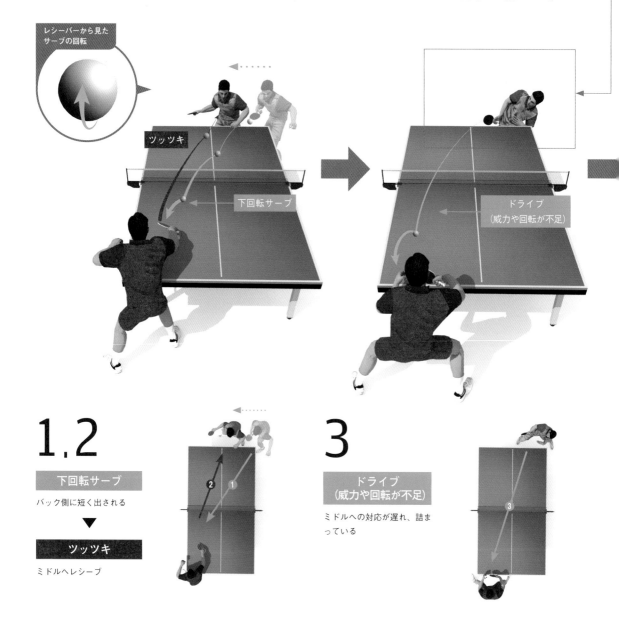

レシーバーから見たサーブの回転

ツッツキ

下回転サーブ

ドライブ（威力や回転が不足）

1.2

下回転サーブ
バック側に短く出される

▼

ツッツキ
ミドルへレシーブ

3

ドライブ（威力や回転が不足）
ミドルへの対応が遅れ、詰まっている

Point

下回転をフォアハンドで返球する理由

　ボールを持ち上げる必要がある下回転（ツッツキ）に対しては、タメをつくって体の横で打球できるフォアハンドで打つことが多い。バックハンドは体より前で打たなければいけないため、少し遅れるとラケットを振れなくなってしまう。

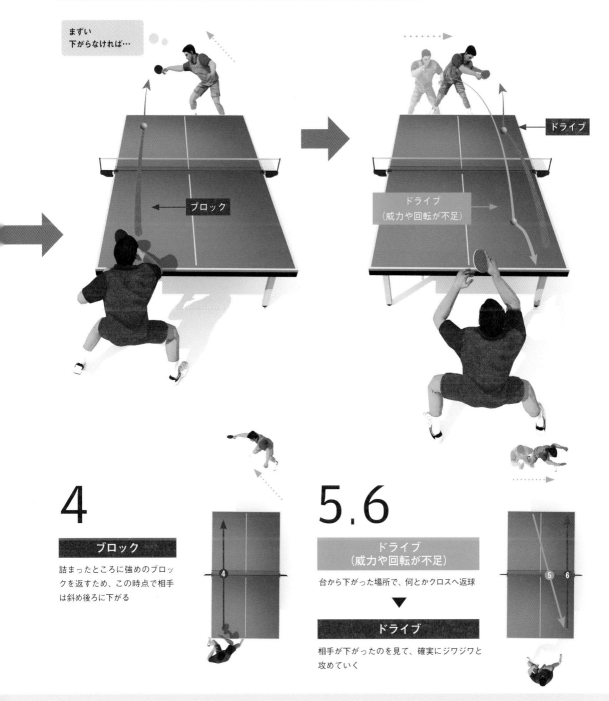

まずい
下がらなければ…

ブロック

ドライブ

ドライブ
（威力や回転が不足）

4

ブロック

詰まったところに強めのブロックを返すため、この時点で相手は斜め後ろに下がる

5.6

ドライブ
（威力や回転が不足）

台から下がった場所で、何とかクロスへ返球

▼

ドライブ

相手が下がったのを見て、確実にジワジワと攻めていく

第**4**章

異質ラバー攻撃型（C型）の戦術

日本の女子選手に多いこの戦型のポイントは、何と言っても異質のラバーを貼ったバック面にある。武器にもなればウィークポイントにもなりうるこのバック面を最大限に活かすため、前陣でのミート打ちやスマッシュといった直線的なボールで違いを出していく。

37 異質ラバー攻撃型の特徴

▶ バック面で崩してフォア面で仕留める

ラバー		C型の主な選手
フォア面_ **裏ソフト**		**伊藤美誠**
バック面_ **表ソフト**		**木原美悠**

C型の必須技術
- ● ミート打ち（バックハンド）
- ● ナックルブロック

ミート打ち（バックハンド）

フォア面は裏ソフト、バック面は表ソフトラバーを貼るのが主流。表ソフトの球離れの早さを利用し、ボールが台から出る前のタイミングではじいていく。テンポの早さから相手を左右に揺さぶりやすく、また球質の変化で相手を崩すこともできる。回転の影響を受けにくいバック面でチャンスをつくり、自分から回転をかけやすいフォア面で仕留めるのが一般的。筋力に劣る選手でもボールに変化をつけやすいため女子には多い戦型だが、男子はほとんどいない。理由としては、男子はボールに威力がある分、必然的に台から少し離れてプレーするが、回転をかけにくい表ソフトで距離をとってボールをはじくとドライブのように伸びていかず、相手にとって絶好のチャンスボールになってしまうため。

伊藤美誠選手はバック側のボールを拾うのが早く、ライジング気味に打てることで表ソフトのよさを最大限に活かしている。C型の変わり種としては、2019年の全日本ジュニア選手権覇者・出澤杏佳選手が挙げられる。出澤選手はフォア面に表ソフト、バック面にツブ高を貼る変則的な異質で、2020年の全日本選手権では平野美宇選手に勝利を収めた。

バック面の長所を活かした技術を使いこなせることが、C型の生命線となる。ミート打ちは「こする」ドライブとはラケットへの当て方が異なり、「はじく」ように打つ。それがフォア面との球質の違いを生み、相手を惑わせることができる。また、表ソフトはボールとラバーの接地面積が小さいため、回転量の少ないナックルを出しやすい。ブロックもナックル気味に変化をつけることで、相手の強打を防ぐだけではなく、こちらのペースに持ち込むきっかけにもなるはずだ。

ナックルブロック

38 3球目ナックルブロック

▶ バック対バックからフォア側へ振る

C型の特徴であるバックハンドの上回転系のボールを活かすため、相手が比較的ラケットを振ってきやすい横上回転のロングサーブを相手のバック側へ出す。長いサーブを出す場合、レシーブである程度強いボールが返ってくることを想定しておく。レシーブが強打であれば、3球目はブロック、もしくはリスクを負ってカウンター。レシー

ブでつないできた場合は攻めていく。ここではバック側に強打がくると仮定し、ナックル気味に変化するようにクロスへブロックする。相手は続けて打ってくるが、ナックル回転にしている分強打が打てず、つないでくる。それをフォア側へ振り、返すだけになった相手のボールをフォアハンドのドライブかスマッシュの強打で仕留める。

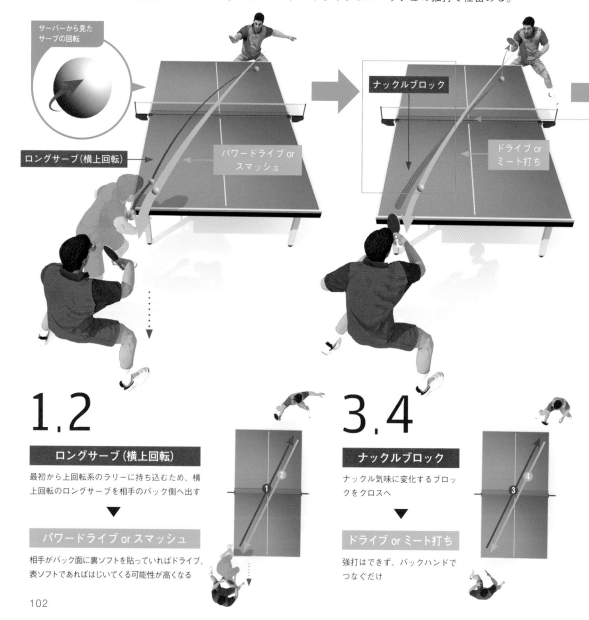

サーバーから見た
サーブの回転

ナックルブロック

ロングサーブ（横上回転）

パワードライブ or
スマッシュ

ドライブ or
ミート打ち

1,2

ロングサーブ（横上回転）

最初から上回転系のラリーに持ち込むため、横上回転のロングサーブを相手のバック側へ出す

▼

パワードライブ or スマッシュ

相手がバック面に裏ソフトを貼っていればドライブ、表ソフトであればはじいてくる可能性が高くなる

3,4

ナックルブロック

ナックル気味に変化するブロックをクロスへ

▼

ドライブ or ミート打ち

強打はできず、バックハンドでつなぐだけ

ナックルブロックは表ソフトの重要技術

表ソフトラバーは相手の回転の影響を受けにくいため、変化をつけたブロックを打ちやすい。通常のブロックはラケットを少しかぶせてフラットに打つが、ナックルブロックはラケットを台とほぼ垂直に構え斜め下へ振る。ナックルは通常のブロックよりも回転量が少ないため、それに対して上回転と同じ角度でミート打ちをすると、ボールが落ちやすい。逆に、下回転を持ち上げるイメージでドライブをかけるとボールが上がりすぎるため、ナックルは、打たれた側にはラケット角度を調節するのが難しいやっかいなボールと言えるのだ。

通常のブロック
ややラケットをかぶせ、前方へ動かす

ナックルブロック
ラケットの角度は垂直で、斜め下方向へ動かす

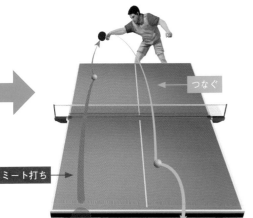

つなぐ

ミート打ち

パワードライブ or スマッシュ

5.6

ミート打ち
フォア側へ返球して相手を振り回す

▼

つなぐ
返すのが精一杯の浮いたボール

⑤ ⑥

7

パワードライブ or スマッシュ
フォアハンドで強打

⑦

39 3球目カウンターのミート打ち

◉ 相手に持ち上げさせたボールを狙う

P102-103と同じロングサーブからのスタートだが、こちらは上回転系ではなく横下回転サーブを出し、相手にドライブで持ち上げさせたボールを狙っていく。こちらのバック側に返ってきた相手のドライブレシーブを、ミート打ちでクロスへ

カウンター攻撃。相手がクロスへブロックしてきたボールを、回り込んでのフォアハンド強打で仕留める。バック面を利用してチャンスをつくりフォア面で決めにいくという意味では、こちらもC型の王道パターンと言えるだろう。

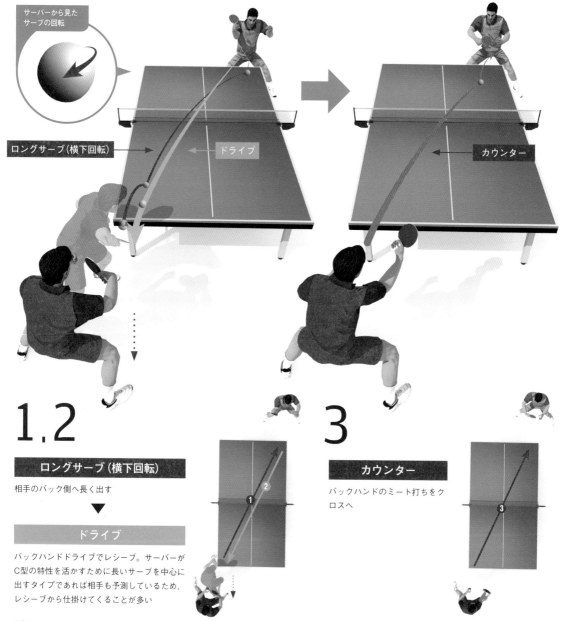

サーバーから見たサーブの回転

ロングサーブ（横下回転）　ドライブ

カウンター

1.2

ロングサーブ（横下回転）

相手のバック側へ長く出す

▼

ドライブ

バックハンドドライブでレシーブ。サーバーがC型の特性を活かすために長いサーブを中心に出すタイプであれば相手も予測しているため、レシーブから仕掛けてくることが多い

3

カウンター

バックハンドのミート打ちをクロスへ

Kishi **Note**

表ソフトラバーは
３タイプに大別される

　表ソフトラバーの形状として、ツブが横に揃っている「横目」、縦に揃っている「縦目」がある。横目は回転がかけやすく、裏ソフトラバーに近い。縦目はスピード重視でナックルを出しやすいことが特徴だが、通常の縦目よりもツブが高く、ツブ高と表ソフトの中間くらいの感覚で使用できる、変化量が大きいものもある。ちなみに、伊藤美誠選手はスピードが出やすい通常の縦目を使用している。

「横目」の表ソフト

▲ツブが横に揃っている。スピードが出にくく自然な球質の変化も少ないが、裏ソフトのように自分から回転をかけやすい

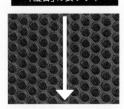

「縦目」の表ソフト

▲ツブが縦に揃っている。自分からは回転をかけにくいが、スピードがありナックルが出しやすい。さらに球質の変化が大きいツブ高に近いものもある

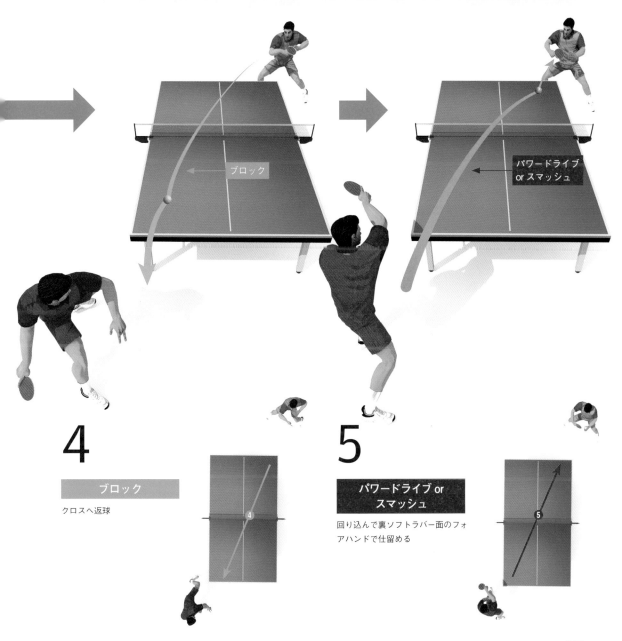

ブロック

パワードライブ
or スマッシュ

4

ブロック

クロスへ返球

5

パワードライブ or
スマッシュ

回り込んで裏ソフトラバー面のフォアハンドで仕留める

40 ショートサーブ → ミート打ち

▶ ツッツキをはじいてチャンスメイク

ロングサーブだけでは相手に狙い撃ちされてしまうため、時おりショートサーブも織り交ぜる必要がある。バック前に出した下回転のショートサーブに対し、相手はツッツキでこちらのバック側へレシーブ。

表ソフトラバーのドライブは裏ソフトよりも回転量が少ないため、持ち上げさせたボールを狙お

うとあえてツッツキをバック側に出されることがある。そんな相手の狙いを読み、角度をつくってはじくようにミート打ち。裏ソフトではボールが落ちてネットミスをしやすいが、回転の影響を受けにくい表ソフトのメリットを活かす。不意を突かれた相手のブロックを、ドライブかスマッシュの強打で仕留める。

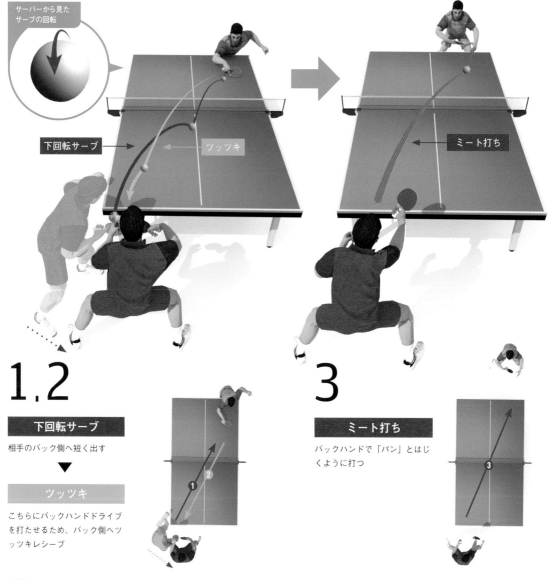

サーバーから見た
サーブの回転

下回転サーブ → ← ツッツキ

← ミート打ち

1.2

下回転サーブ

相手のバック側へ短く出す

▼

ツッツキ

こちらにバックハンドドライブを打たせるため、バック側へツッツキレシーブ

3

ミート打ち

バックハンドで「パン」とはじくように打つ

Kishi **Note**

C型が長いサーブを多く出す理由

　C型の選手はロングサーブを多く使う。ショートサーブに対しては、ツッツキ、ストップ、フリック、チキータと、レシーブの種類が多いために3球目の打法に迷い、すぐには上回転系のラリーへ持ち込めないことが大きな理由。長いサーブはシンプルな打ち合いとなるため、ブロックやカウンターを得意とする選手にとっては展開がつくりやすい。

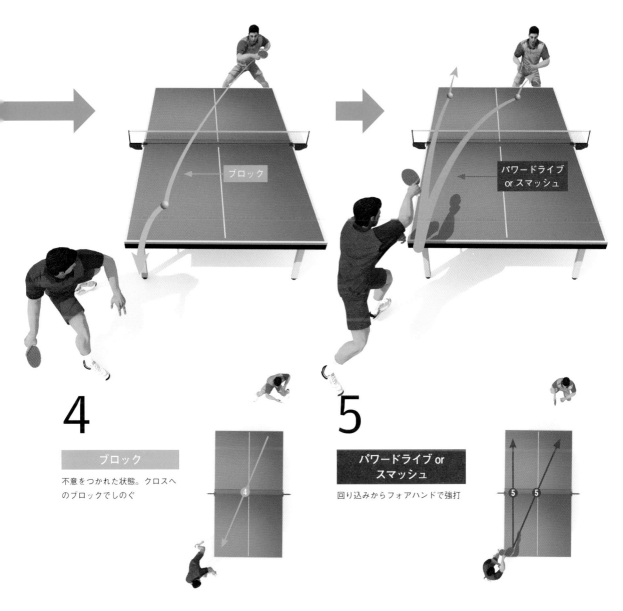

4

ブロック

不意をつかれた状態。クロスへのブロックでしのぐ

5

パワードライブ or スマッシュ

回り込みからフォアハンドで強打

41 レシーブでバックドライブを打たされる

▶ ブロックでしのぎながら左右へ振り回す

サーバー側でも触れているが、表ソフトラバーは裏ソフトラバーほどドライブの回転がかからないため、C型はバック側に長い下回転系のボールを集められることが多く、ドライブで持ち上げさせられたボールを上から狙われやすい。相手がバック側へ出した横下回転のロングサーブを、ドラ

イブでレシーブ。回り込んでの強打を、相手のフォア側へブロック。相手はバック側へ回り込んでいるため、振り回す形になる。相手が飛びつきからクロスへ返球したドライブをバック側へブロックし、さらに振り回す。つなぐだけになったチャンスボールを、フォアハンドの強打で仕留める。

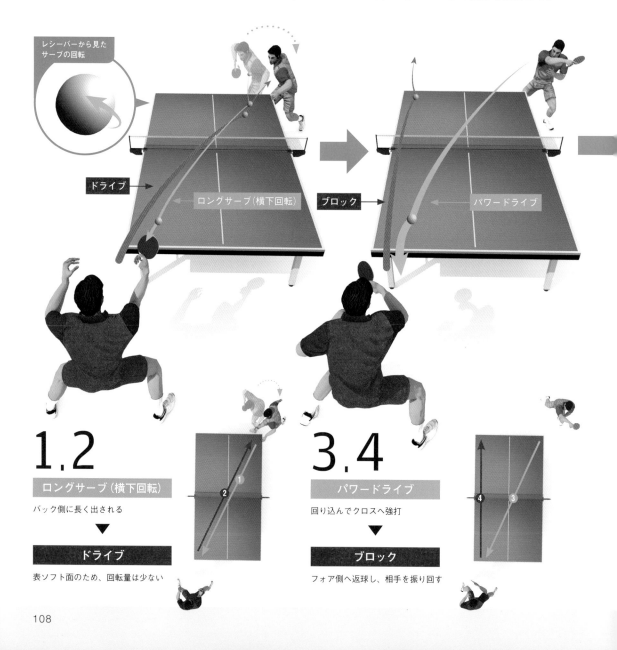

レシーバーから見た
サーブの回転

ドライブ

ロングサーブ（横下回転）

ブロック

パワードライブ

1.2

ロングサーブ（横下回転）

バック側に長く出される

▼

ドライブ

表ソフト面のため、回転量は少ない

3.4

パワードライブ

回り込んでクロスへ強打

▼

ブロック

フォア側へ返球し、相手を振り回す

Kishi **Note**

『みまパンチ』は
フォアブロックの進化系

　相手の回転の影響を受けにくいバック面（表ソフト）のほうがブロックはしやすいが、当然、フォア面でもブロックせざるを得ない場面はある。C型の伊藤美誠選手はフォアハンドのブロックを得意としており、時おり見せる『みまパンチ』はブロックをしようとしている形からフォアハンドではじく打法。バックスイングがないまま速いボールが飛んでくるため、相手は対応しにくい。

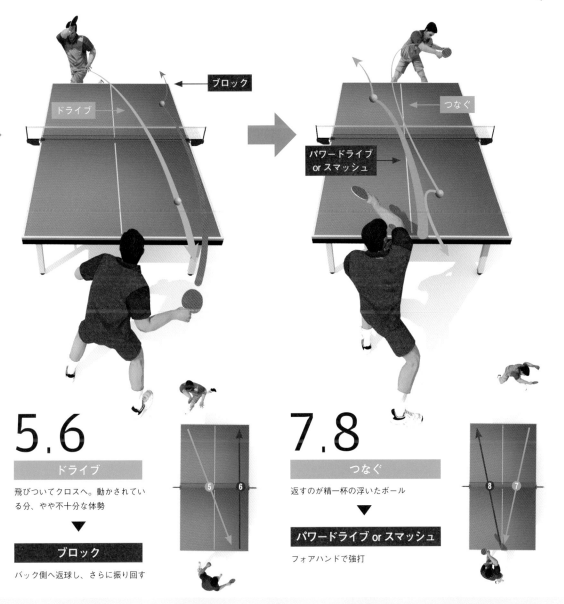

ブロック

ドライブ

つなぐ

パワードライブ or スマッシュ

5.6

ドライブ

飛びついてクロスへ。動かされている分、やや不十分な体勢

▼

ブロック

バック側へ返球し、さらに振り回す

7.8

つなぐ

返すのが精一杯の浮いたボール

▼

パワードライブ or スマッシュ

フォアハンドで強打

42 フォア前からバックロングへ振られる

▶ 鋭いツッツキをバックドライブで返球

　バック側への長い下回転系サーブとともに、C型がサーブを出されやすいのがフォア前。バック面は回転の影響を受けにくく、バック前やミドル前のボールは台上でレシーブしやすいため、こちらにバック面を使わせないよう相手はフォア前にショートサーブを出す。ストレートのフォアハンドツッツキを、相手が攻撃的なツッツキでバック

側へ深く返球。フォア前からバックロングへ詰めることで、不十分な体勢でより威力の弱いバックハンドドライブを打たせることが相手の狙い。この局面をしのぎ、バック対バックのラリーへ持ち込む。
　フィニッシュは相手のフォア側へ振っていくか、回り込んで攻撃する。

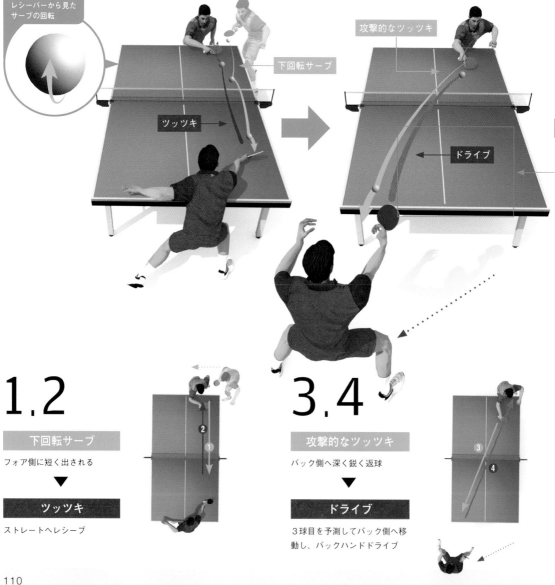

1.2

下回転サーブ

フォア側に短く出される

▼

ツッツキ

ストレートへレシーブ

3.4

攻撃的なツッツキ

バック側へ深く鋭く返球

▼

ドライブ

3球目を予測してバック側へ移動し、バックハンドドライブ

4球目のドライブを
しっかり打てるかがカギ

　この戦術でポイントとなるのは、3球目と4球目。4球目で詰まらずにドライブを打つことができれば、相手は強く返球できないため主導権がほぼイーブンとなり、バック対バックのラリーに持ち込める。そのためには、3球目の鋭いツッツキが最初から頭になければいけない。3球目がドライブではなく攻撃的なツッツキなのは、自分から持ち上げてしまうと叩かれやすいため、下回転を打って先に持ち上げさせようという狙いから。仮に4球目のドライブで詰まった場合は、相手の強打をブロックでしのぎ左右に揺さぶっていく。

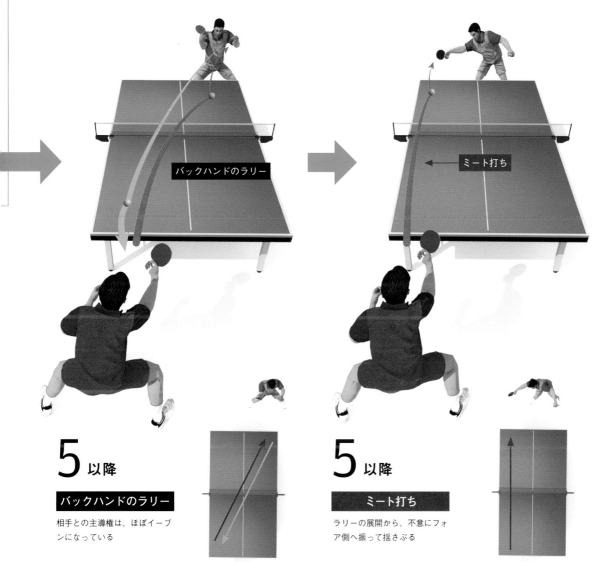

バックハンドのラリー

ミート打ち

5 以降

バックハンドのラリー

相手との主導権は、ほぼイーブンになっている

5 以降

ミート打ち

ラリーの展開から、不意にフォア側へ振って揺さぶる

43 フォア前をバックでレシーブ

◉ 相手のサーブを読んで奇襲をかける

　バック前にきたボールに対してはもちろん、場合によってはフォア側へきた下回転ショートサーブもバックハンドフリックでレシーブする戦術。低いボールをフォアハンドで払うのはやや難易度が高く、また表ソフトラバーのほうが相手の回転の影響を受けにくいため、思い切ってバックハンドでとりにいく。近年はこういった戦法をとる選手を多く見かけるが、相手が明らかにこちらのバ

ックハンドを嫌がっているなど、8割〜9割はフォア前にサーブがくると予測できていることが行うための条件となる。3球目でバック側へ返ってきた相手のドライブを、クロスへバックハンドのミート打ち。レシーブでフリックをチョイスしたのは、チキータよりもバックスイングのモーションが小さく相手に読まれにくいことと、振りがコンパクトで使いやすいため。

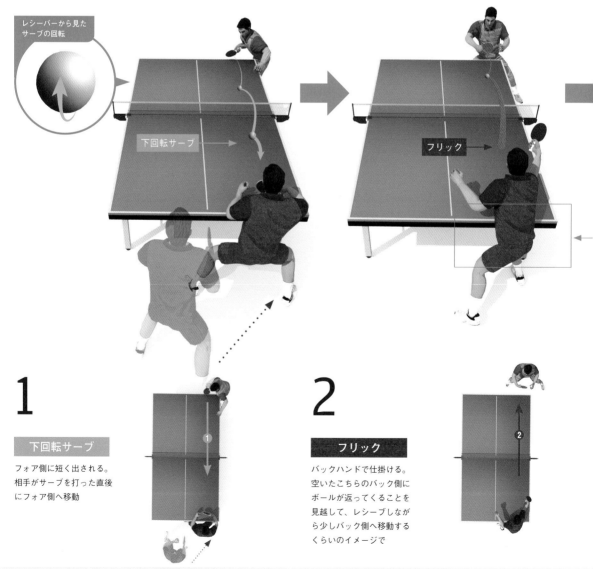

1

レシーバーから見た
サーブの回転

下回転サーブ →

下回転サーブ

フォア側に短く出される。相手がサーブを打った直後にフォア側へ移動

2

フリック →

フリック

バックハンドで仕掛ける。空いたこちらのバック側にボールが返ってくることを見越して、レシーブしながら少しバック側へ移動するくらいのイメージで

Point

フォア側でバックを使う
効果は他にもある

相手の視野

　レシーブのフリックをバックハンドで行う理由は、回転の影響を受けにくくするだけではなく、単純な「見た目の変化」という部分も大きい。相手にとっては「技の種類が多いな」「そこもバックでくるのか」「次は何がくるんだろう」などの印象が残り、警戒させることができるかもしれない。フォア側のボールをバックハンドでとるため効率はよくないが、相手に与える心理的な影響を考えても試す価値はある。

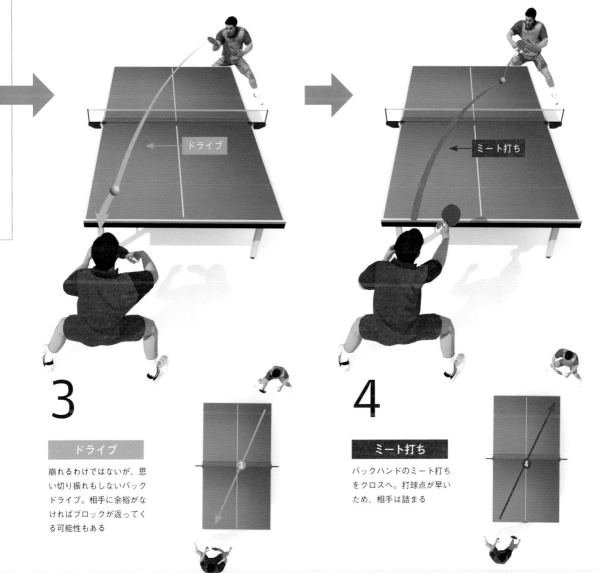

ドライブ

ミート打ち

3

ドライブ

崩れるわけではないが、思い切り振れもしないバックドライブ。相手に余裕がなければブロックが返ってくる可能性もある

4

ミート打ち

バックハンドのミート打ちをクロスへ。打球点が早いため、相手は詰まる

44 勝負どころの切り札

● バックロングを回り込んでレシーブ

バック側への横下回転ロングサーブを出された ときは、レシーブから回り込んでフォアハンドド ライブを強打する戦術もある。試合の最初にこれ が成功すれば得点を奪えるだけではなく、「回り込 みもあるのか」「このサーブは効かないのではない か」「バック側が得意なのかもしれない」などと相 手に印象づけ、バック側へのロングサーブを出し づらくさせるなど心理面で優位に立てるかもしれ

ない。もしくは、ある程度バックハンドドライブ でレシーブをしてから、ナインオールなどの勝負 どころで回り込むという使い方もできる。

フォア前など他のコースが気になっている場合 は自信を持って回り込めないため、「バックロング がくるはずだ」とサーブをある程度絞れているこ とが条件となる。何度も使える戦術ではないため、 勝負どころのオプションとして考えておきたい。

1

レシーバーから見た
サーブの回転

ロングサーブ
（横下回転）

バック側に長く出される

2

パワードライブ

回り込んでフォアハンドで強打

Kishi **Note**

「対角線攻撃」対策はC型の基本

　P110-111で紹介したフォア前からのバックロングは対角線の一番遠い場所となるため、C型はとくに狙われやすい。レシーブの段階から予測し、戻りを早くして体勢をつくることがスムーズにできるようになれば、相手の３球目強打にも対応できるだろう。逆に、バック前からのフォアロングという対角線の場合、フォアハンドは体の横で腕を伸ばして打てるため、体の正面で打つバックハンドと比べてそこまで大きく振られている感覚はないはずだ。

フォア前からのバックロング	バック前からのフォアロング
バックハンドは体をボールの前まで運ばなければいけないため、戻りを早くすることが必須	フォアハンドは腕を伸ばして打てるため、比較的イージーに返球できる

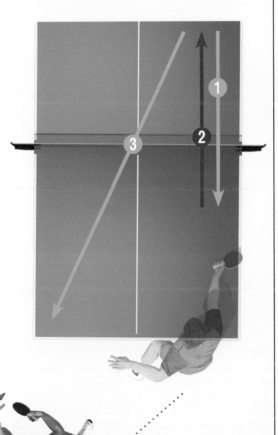
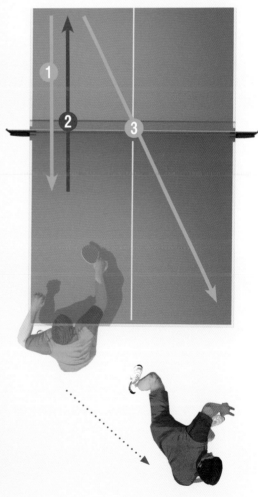

第5章

異質カット守備型（D型）の戦術

近年は攻撃もできることが必須となりつつあるカットマン。そのため、
両ハンドのカットで粘る展開だけではなく、自ら攻めていく攻撃のみ
に絞ったパターンも紹介。ミドル攻撃やラリー中の球質の変化など、
この戦型がされやすい展開からの攻略法もマスターしよう。

45 異質カット守備型の特徴

▶「ヒット＆アウェー」で相手を翻弄

ラバー	D 型の主な選手
フォア面 _ **裏ソフト**	**佐藤瞳**
バック面 _ **ツブ高**（男子）　**表ソフト**（女子）	**橋本帆乃香**

D 型の必須技術　● **両ハンドカット**

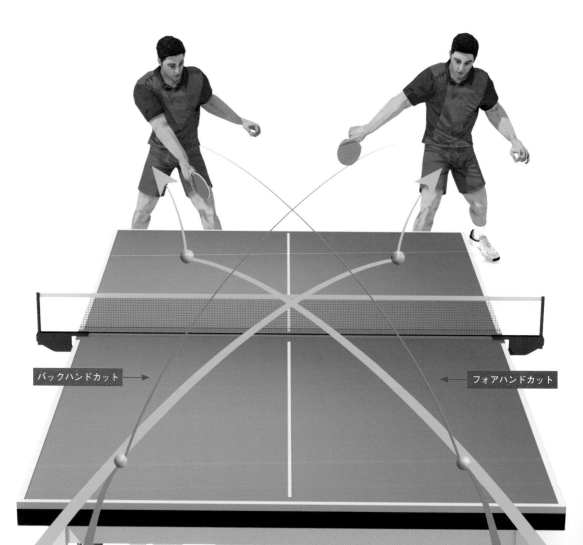

バックハンドカット　　　　　　　　　　　フォアハンドカット

ドライブなどの攻撃を下回転のカットで粘り強く返球して相手のミスを誘うことが基本となるが、近年はカットの守備に加え、チャンスをつくって積極的に攻撃を仕掛けるタイプが主流となっているため、本書ではD型を「攻撃も行うカットマン」と定義づける。むしろ、現代卓球では攻撃ができないカットマンは勝ちづらく、守り、攻め、フットワークのバランスのよさが求められる。サーブから3球目まではまるで攻撃マンのように攻め、その後は別人のように守備へ移行。甘いボールがきたらすかさず前陣へ戻り反撃する。そんな、ボクシングの「ヒット＆アウェー」のような光景が多く見られる。

D型を代表する選手としては、カットマン同士でペアを組み、2019年の世界選手権女子ダブルスで銅メダルを獲得した佐藤瞳選手、橋本帆乃香選手が挙げられる。かつて日本には男子の名カットマンも多かったが、現在は女子に多い戦型。その理由としては、パワーのある男子に強打されたボールのほうが止めにくいからだと考えられる。

● ツッツキ

球質の違う両ハンドのカットを自在に操れることが、この戦型の絶対条件となる。基本的にはバック側にボールを集められることが多いため、ツブ高（または表ソフト）ラバーで狙ったコースにバックハンドカットを打ち分け、相手を左右に揺さぶっていく。フォア側にボールがきた場合はカットの回転量に変化をつけ、ミスを誘う。また、相手から短く出された場合はツッツキを深めに送り、強打を防ぎつつ長く返球させてカットに入る。

ツッツキ

46 3球目ドライブで意思表示

● 「攻撃もある」と相手に刻み込む

「カットマンだから攻撃をしてこない」「甘く返してもどうせ下がってカットをしてくるはず」と思わせてしまうと、レシーバー側の心理が格段に楽になってしまうため、「甘く返せば3球目も狙っていくぞ」という姿勢を最初に見せ、プレッシャーを与えることが必要となる。

短い下回転サーブをフォア側に出し、相手が突っついてきたボールを回り込んで相手のミドルへドライブ。昨今のカットマンは必ずと言っていいほど行う戦術。

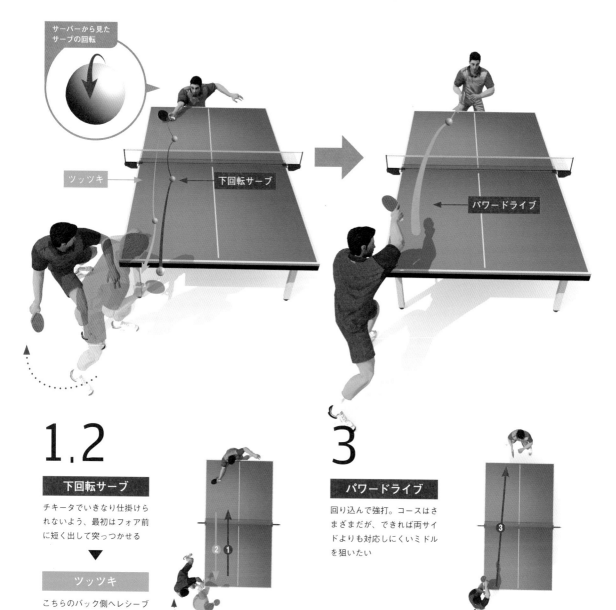

サーバーから見た
サーブの回転

ツッツキ ← 下回転サーブ

パワードライブ

1.2

下回転サーブ

チキータでいきなり仕掛けられないよう、最初はフォア前に短く出して突っつかせる

▼

ツッツキ

こちらのバック側へレシーブ

3

パワードライブ

回り込んで強打。コースはさまざまだが、できれば両サイドよりも対応しにくいミドルを狙いたい

47

3球目カウンター攻撃

▶ さらにプレッシャーを与えていく

自ら攻めていく戦術の別バージョン。横下回転のロングサーブをバック側に出し、ドライブで持ち上げさせたボールを回り込んでのカウンタードライブで狙う。

Kishi Note

無理に攻撃を続けるのは危険

攻撃も行うカットマンと言えども、攻撃型の選手と打ち合いをするのは不利。4球目で相手がしっかり返してきた場合は無理をせず一度カットに戻し、ラリーに持ち込むくらいでいい。チャンスボールが返ってきたら攻撃に移ろう。

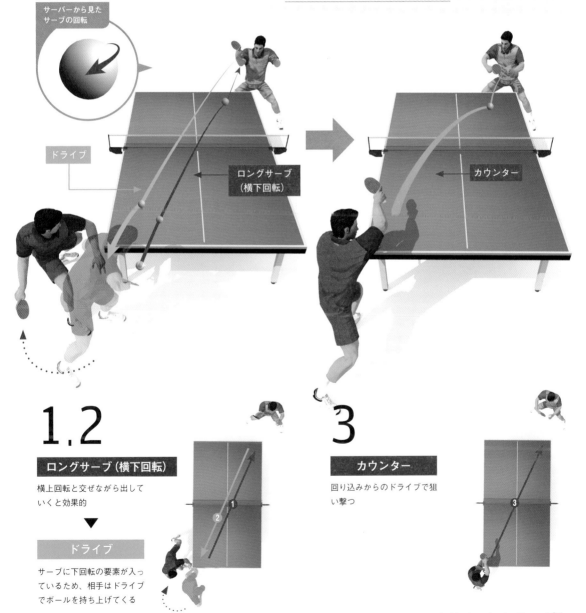

サーバーから見た
サーブの回転

ドライブ

ロングサーブ（横下回転）

カウンター

1.2

ロングサーブ（横下回転）

横上回転と交ぜながら出していくと効果的

▼

ドライブ

サーブに下回転の要素が入っているため、相手はドライブでボールを持ち上げてくる

3

カウンター

回り込みからのドライブで狙い撃つ

48 ストップには鋭いツッツキで返球

● カットマンへのストップは攻撃力がある証

「甘いレシーブを返せば打たれる」と相手がわかってきたら、次は打たせないようにストップをしてくる可能性が高い。それを、打球点が早く鋭い攻撃的なツッツキでフォア側へ厳しく返球し、ドライブをクロスへ上げさせてからカウンターのフ

ォアハンドドライブで仕留める。サーブから攻めるパターンとしては、攻撃型の選手とほぼ同じと考えていい。まず守備から入るのではなく、とくにサーバー側のときは、3球目、5球目で積極的に仕掛けていこう。

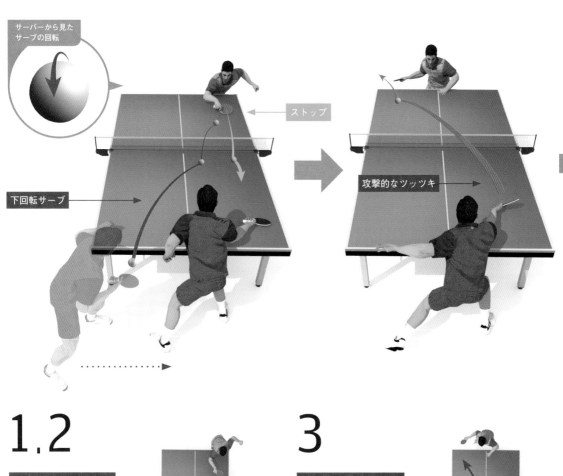

サーバーから見たサーブの回転

ストップ

下回転サーブ

攻撃的なツッツキ

1.2

下回転サーブ

相手のバック側へ短く出す

▼

ストップ

こちらのフォア側へ短くレシーブ

3

攻撃的なツッツキ

クロスへ深く返球

Kishi **Note**

5球目で
フォアカットでも

　4球目での相手のドライブに対し、カウンターで攻撃するのではなくフォアハンドのカットで返球してラリーに持ち込んでもいい。その際は、3球目のツッツキを打った直後に下がっておく必要がある。

4

ドライブ

やや不十分な体勢のため、ボールは浮き気味

5

カウンター

フォアハンドドライブをクロスへ強打

49 3球目、5球目を返された後の展開

● バックカットを操りツッツキを打たせる

3球目や5球目を相手に返球された場合は、ラリーの展開に持ち込む。バック面にツブ高を貼っているカットマンは、ラリーの中でバック側にボールを集められるケースが非常に多いため、バックサイドからの攻撃がとくに重要となる。バックハンドカットをコースに打ち分けて相手を左右に揺さぶる中で、バック側の厳しいコースにカットを返球。相手がドライブではなくツッツキを打ってきたところを狙い、回り込んでのドライブで強打していく。

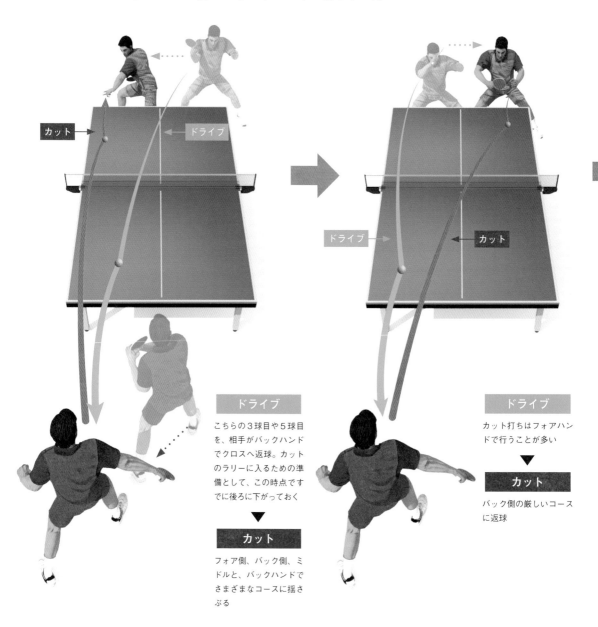

カット　←

→ ドライブ

ドライブ　→

←　カット

ドライブ

こちらの3球目や5球目を、相手がバックハンドでクロスへ返球。カットのラリーに入るための準備として、この時点ですでに後ろに下がっておく

▼

カット

フォア側、バック側、ミドルと、バックハンドでさまざまなコースに揺さぶる

ドライブ

カット打ちはフォアハンドで行うことが多い

▼

カット

バック側の厳しいコースに返球

Kishi **Note**

横から見た
ラリー中のカット

　カットは主に後陣（卓球台から2メートル以上下がった場所）で行う。コート全面を使って粘り、チャンスボールがきたら前へ出て強打する。

2メートル以上

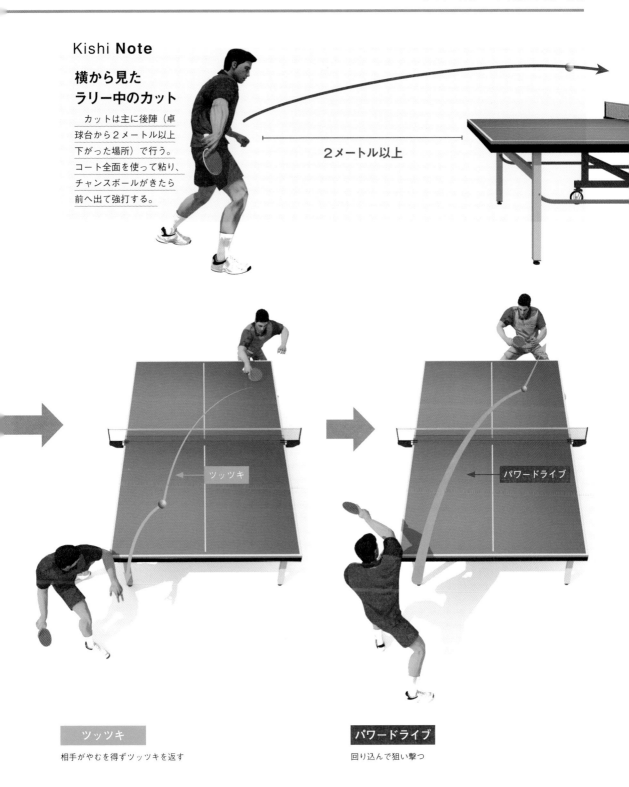

ツッツキ

相手がやむを得ずツッツキを返す

パワードライブ

回り込んで狙い撃つ

49 | 3球目、5球目を返された後の展開

■ ツブ高ラバー側に ボールを集められる理由

　男子のカットマンはフォア面に裏ソフト、バック面にツブ高のラバーを使用することが多いが、その組み合わせの場合はバック側にボールを集中されやすい。ツブ高はどれくらいの回転量のボールを打ったらどれくらいの回転で返ってくるかの予測がある程度つくため、相手側が回転量を把握、調節しやすいのがその理由。ツブ高は自分から回転量の変化をつけることも難しく、必然的にバックカットを打たされる機会が多くなる。

バック面にツブ高ラバーを貼っているカットマンは、バック側にボールを集中されやすい

■ ツブ高のメリット

では、「バック面も裏ソフトを貼ったほうがいいのでは？」という疑問が生まれるが、回転量を把握されやすい反面、ツブ高は相手の回転の抑えが利きやすく、カットが安定するというメリットがある。また、男子ほどパワーがなく、ディフェンスを重視しなくてもいい女子は、バック面に表ソフトラバーを使用する選手が多い。ツブ高は回転量が多いボールへの返球が、強烈な回転に変わる反面、回転が弱いボールをカットするとこちらの回転も弱くなるという特徴があり、そういったカットは狙われやすい。表ソフトを使えば裏ソフトよりは抑えやすく、ツブ高よりも自分で回転を操作できる。

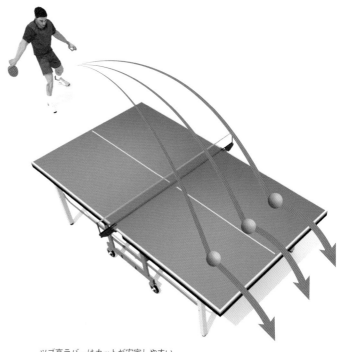

ツブ高ラバーはカットが安定しやすい

■「カット打ち」は主にフォアハンドで行う

カットはツッツキよりも球足が長いため、カットを打たれた側はボールが伸びてくる感覚があり、体の前で打つバックハンドでは懐が狭く、詰まってしまうことが多い。フォアハンドはしっかり体を使って打てるため、基本的にカットをドライブで打つときはフォアハンドで行う。

ただ、全体をフォアハンドでカバーしきることは難しく、たとえばカットマンは、フォア側から一度打たせたボールをバック側に振るなど、厳しいコースにカットを入れれば P124-125 のように相手にツッツキを使わせることもできるはずだ。

フォア
体の横を広く使って打球するフォアハンドは、カット打ちに向いている

バック
バックハンドは体の正面でスイングするため、伸びてくるボールに対しては詰まってしまうことがある

50 フォアカットの回転量の変化で翻弄

● ロングから意図的にフォア側へ返球させる

　裏ソフトラバーを貼っているフォア側へ返球させ、カットの回転量を変化させながらミスを誘ったり、チャンスボールを打たせたりする戦術。横下回転か横上回転のロングサーブをバック側へ出し、相手がクロスにドライブ。バックハンドカットでフォア側へ返球し、クロスに返ってきたボー

ルに対してフォアハンドカットを打つ。通常のカット、下回転が強いカット、ナックルカットなど、さまざまな変化をつけていく。もしくは、フォア側にきたボールは後ろからドライブで打ち返してもいい。ブロックのように合わせるだけでも変化をつけることができる。

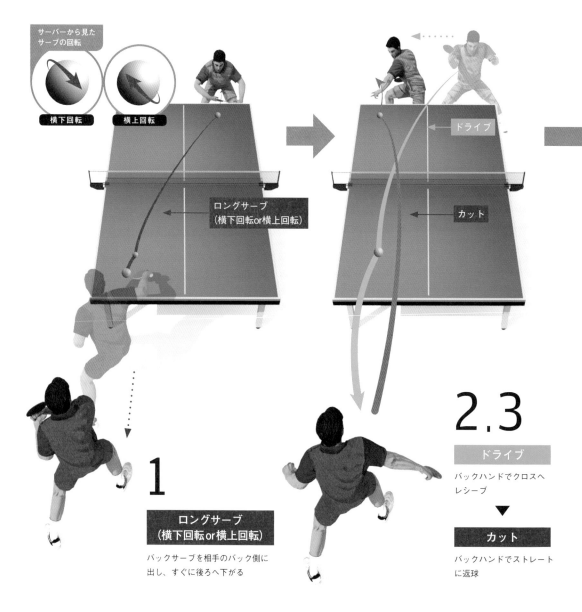

サーバーから見た
サーブの回転

横下回転　横上回転

ロングサーブ
（横下回転or横上回転）

ドライブ

カット

1

ロングサーブ
（横下回転or横上回転）

バックサーブを相手のバック側に
出し、すぐに後ろへ下がる

2.3

ドライブ

バックハンドでクロスへ
レシーブ

▼

カット

バックハンドでストレート
に返球

Kishi **Note**

バックのロングサーブを使う理由

　近年はフォアサーブを使う選手も増えたが、カットマンは基本的にバックサーブを出すことが多い。バックサーブは前を向いて正面で打つため、体を横に向けるフォアサーブよりも早く下がることができ、守備に移行しやすいことがその理由。また、3球目から下がってカットを打ちたい場合はロングサーブを出すのが定石。ショートサーブは短く返されてしまう可能性があるが、ロングは短く返球されることがないため下がることができる。

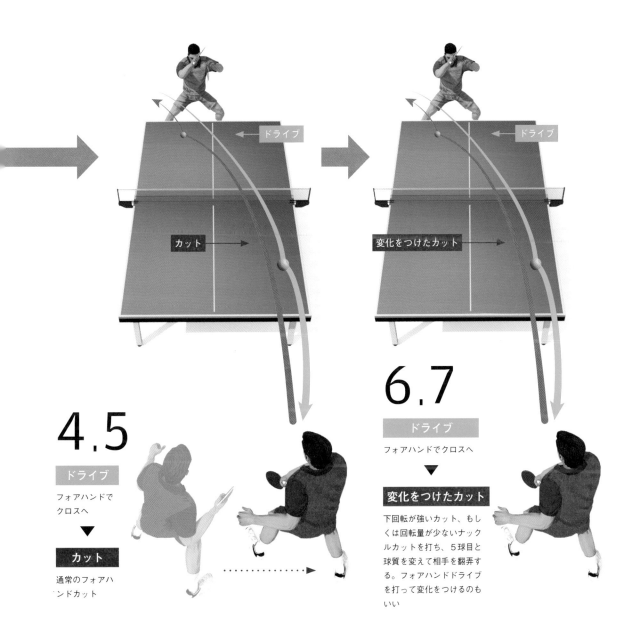

4.5

ドライブ

フォアハンドでクロスへ

▼

カット

通常のフォアハンドカット

6.7

ドライブ

フォアハンドでクロスへ

▼

変化をつけたカット

下回転が強いカット、もしくは回転量が少ないナックルカットを打ち、5球目と球質を変えて相手を翻弄する。フォアハンドドライブを打って変化をつけるのもいい

50 | フォアカットの回転量の変化で翻弄

Kishi **Note**

下回転が強いカット

サーブ同様、カットも切ったり切らなかったりと、自分で回転量に変化をつけることができる。下回転を多くかけるためのポイントとしては、ラケットの下側に当てること、スイングスピードを速くすることのふたつが挙げられる。

〔横から〕

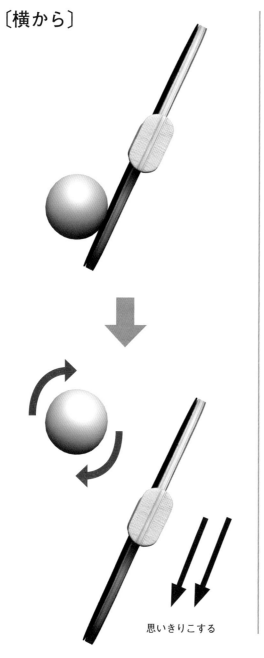

思いきりこする

〔正面から〕

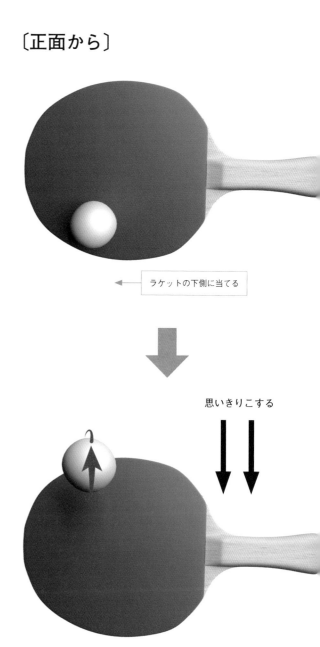

ラケットの下側に当てる

思いきりこする

■ 下回転が強いカットを打った後に考えられる展開

① ネットミス

切れているカットは沈む力が強いため、通常のカットに対するドライブと同じスイングではネットに引っかかることが多い

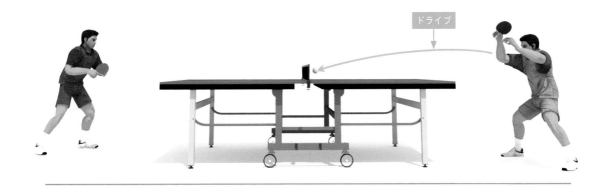

② 高く浮いたドライブ→
　カウンタードライブ

ドライブがネットを越えたとしても、より下から上に持ち上げる必要があるため、ボールが高く浮くケースがある。それをカウンターで狙っていく

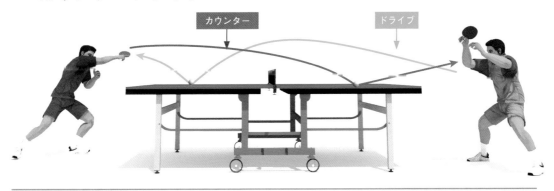

③ ツッツキ→
　パワードライブ

ドライブで上げられないほどカットが切れていると判断したら、相手はとりあえず入れておこうと前に出てツッツキを打ってくる。すかさずドライブで強打

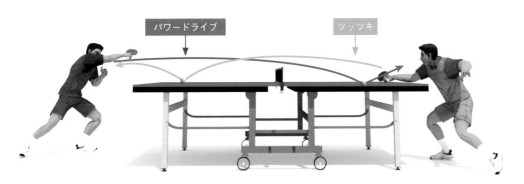

50 | フォアカットの回転量の変化で翻弄

Kishi **Note**

ナックルカット

　ほとんど回転がかかっていないナックルカットを打つときのポイントは、下回転が強いカットとは反対にラケットの上側にボールを当て、こすらずにはじくこと。相手にばれないように、できるだけ通常のカットや下回転が強いカットと同じスイングで行う。

〔横から〕

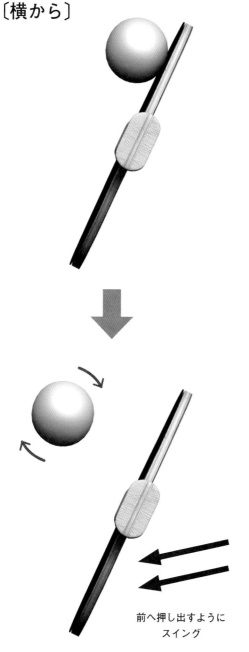

前へ押し出すように
スイング

〔正面から〕

ラケットの上側に当てる

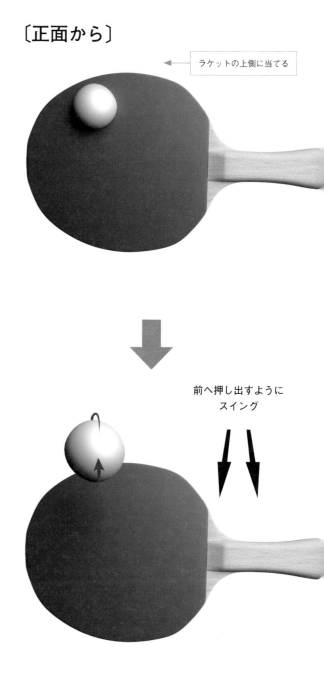

前へ押し出すように
スイング

■ ナックルカットを打った後に考えられる展開

① オーバーミス

下回転のボールを打つときと同じドライブの場合、持ち上げすぎてオーバーすることが多い

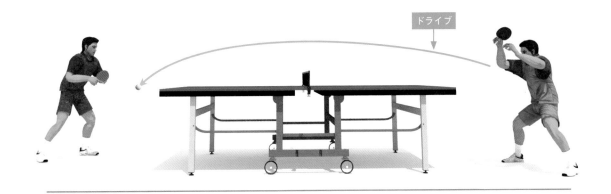

② 高く浮いたツッツキ→パワードライブ

切れたカットだと相手に勘違いさせ、ツッツキを打たせる。切れていないボールを突っつくと高く浮くため、すかさずドライブで強打

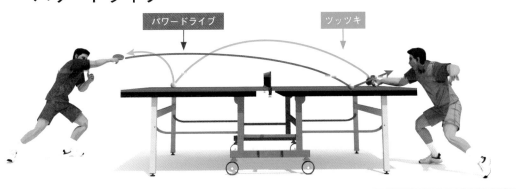

③ ドライブ→カットのラリー

相手がミスをせずにドライブを打ってきたら、フォアハンドのカットで返球してラリーに持ち込む

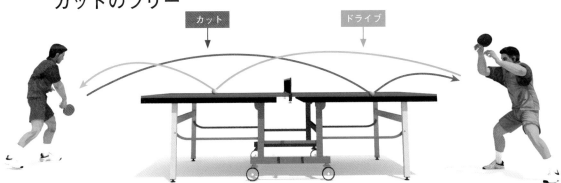

51 5球目でミドルを狙われる

◉ 両ハンドのどちらでとるかを決めておく

　ミドルにきたボールはカットしづらいため、カットマンはミドルを狙われることが多い。相手の下回転サーブをツッツキでバック側へレシーブし、3球目のドライブをバックカットでクロスへ。5球目で相手が回り込み、ミドルへフォアハンドドライブ。ミドルは単純な打ちづらさの他に、両ハ

ンドのどちらでとるか迷うところがミスにつながる部分。相手の打球が落ちた場所を目安に、ここまではフォアハンド、ここからはバックハンドと、あらかじめ両ハンドのどちらでカットするかの範囲を決めておくことで迷いを減らし、カットで粘りチャンスを待つ。

レシーバーから見たサーブの回転

ツッツキ

下回転サーブ

パワードライブ

カット

1.2

下回転サーブ

フォア側に短く出される

▼

ツッツキ

打球後はすぐに後ろへ下がってカットの準備に入る

3.4

パワードライブ

バックハンド、もしくは回り込んでのフォアハンドドライブ

▼

カット

バックカットをクロスへ

Point

コースの７割程度は
バックカットで

　ツブ高（もしくは表ソフト）ラバーを貼った
バック面のほうがボールをコントロールしやす
いため、バックハンドで打つゾーンを広くとる
のが一般的。台の７割程度はバックハンド、３
割程度はフォアハンドでカットするイメージ。

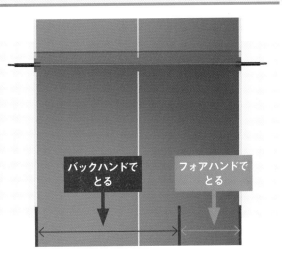

バックハンドで
とる

フォアハンドで
とる

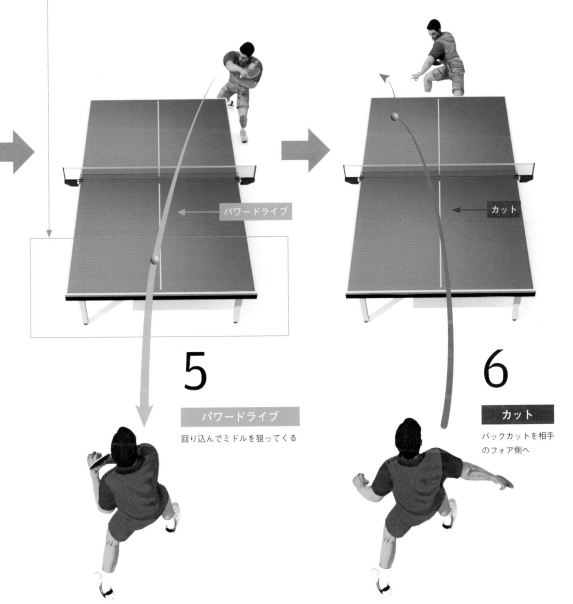

パワードライブ

カット

5

パワードライブ

回り込んでミドルを狙ってくる

6

カット

バックカットを相手
のフォア側へ

52 下がる前にミドルを狙われる

▶ 4球目をブロックでしのぎ時間を稼ぐ

台からの距離があったP134-135とは違い、後ろに下がっていない3球目でミドルを狙われるケースも当然ある。相手の下回転ショートサーブを、フォアハンドのツッツキでストレートにレシーブ。すぐに後ろへ下がってカットの準備に入ろうとするところ、ドライブの強打でミドルを攻められる。

その場合、4球目にブロックを挟んで距離をとってから、相手のドライブ強打を両ハンドのカットで対応する。粘っているうちに余裕ができれば、フォアハンドのカットで回転量に変化をつけたり、厳しいコースを攻めたりして相手にツッツキを打たせ、ドライブで決めにいく。

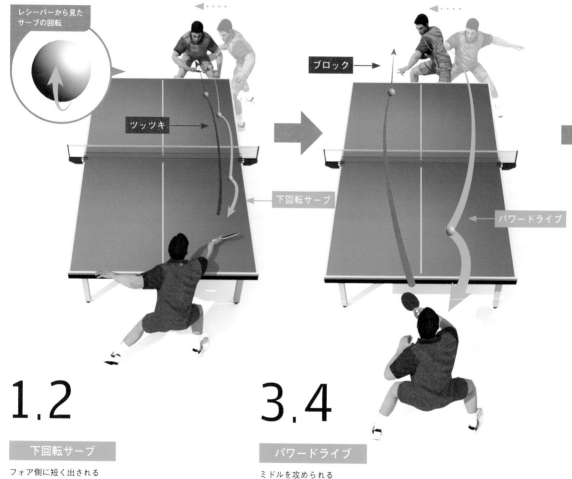

レシーバーから見たサーブの回転

ツッツキ

下回転サーブ

ブロック

パワードライブ

1.2

下回転サーブ

フォア側に短く出される

▼

ツッツキ

打球後は後ろへ下がってカットの準備に入ろうとするが

3.4

パワードライブ

ミドルを攻められる

▼

ブロック

不十分な体勢のため、真ん中周辺に返球。強打に備え、打った瞬間に距離をとる

Kishi **Note**

低くて深いカットが理想

エンドライン付近に落ちるような深いカットは相手を差し込むことができるため、ドライブで強打されにくい。逆に、高くて浅いカットは絶好のチャンスボールとなってしまうため、「低く深く」を心がけよう。

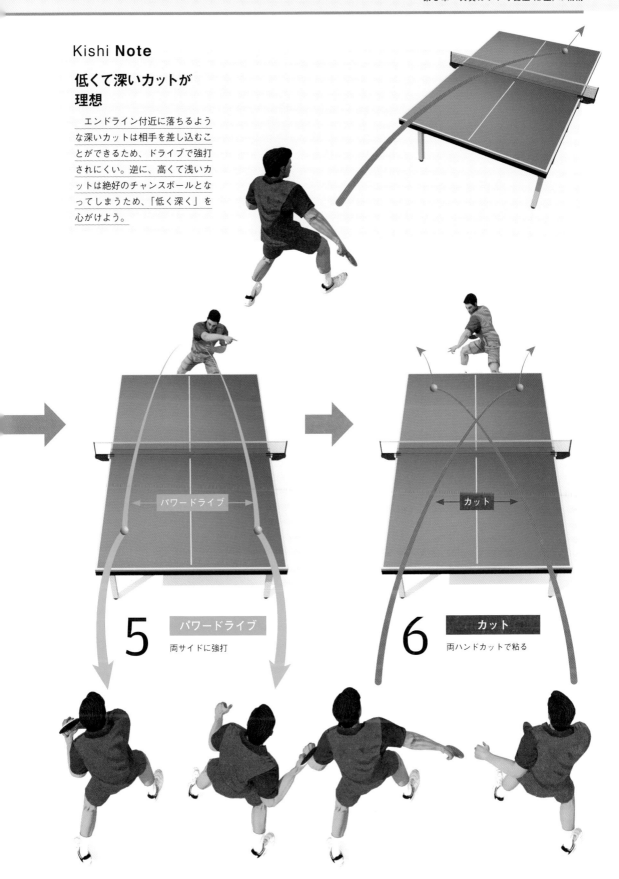

5 パワードライブ
両サイドに強打

6 カット
両ハンドカットで粘る

53

ラリー中に球質を変えられる

▶ **緩急や回転量の変化などに対応**

　ミドル攻撃以外でカットマンがされやすいものに、ラリー中の球質の変化が挙げられる。スピードの速い遅い、回転量の多い少ない、ボールの高い低い、長い短いなど、さまざまな揺さぶりに対応しながらカットで粘る。横上回転のロングサー

ブをバックカットでクロスへ返球し、ドライブ、ループドライブという種類の違うドライブ連打をバックカットでクロスへ打ち返す。回り込みからのスマッシュは、ラケットの角度に注意してフォアカットで返球する。

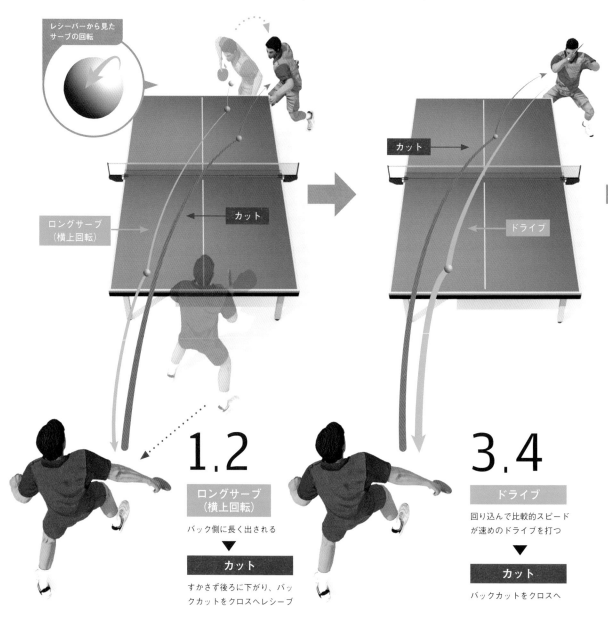

レシーバーから見た
サーブの回転

ロングサーブ
（横上回転）

カット

カット

ドライブ

1.2

ロングサーブ
（横上回転）

バック側に長く出される

▼

カット

すかさず後ろに下がり、バックカットをクロスへレシーブ

3.4

ドライブ

回り込んで比較的スピードが速めのドライブを打つ

▼

カット

バックカットをクロスへ

スピードボールに合わせて待つ

　遅いボールを待つと速いボールに対応することができないため、カットマンはつねに相手がスピードボールを打ってくる前提で準備をする必要がある。その状態からループドライブで前に落とされたときは、下がったところから足を少し前に動かしてバックカットを打つ。カットマンと対戦する攻撃マンは、そのように前後へ揺さぶりをかけてくる。

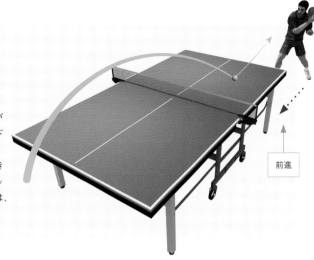

前進

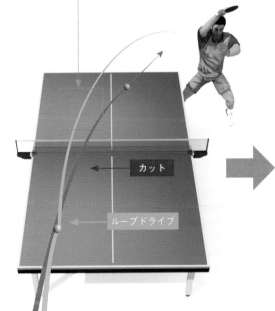

カット

ループドライブ

カット

スマッシュ

5.6

ループドライブ

ふたたび回り込み、スピードが遅く回転量の多いループドライブで緩急をつけてくる

▼

カット

バックカットをクロスへ

7.8

スマッシュ

少し浮いたボールに対し、回転量が少なく直線的な軌道のフォアハンドスマッシュをストレートに打つ

▼

カット

フォアカットでクロスへ返球

53 | ラリー中に球質を変えられる

Kishi **Note**

カット面と切る角度

　カットマンが切ったり切らなかったりするのと同様に、相手の攻撃マンもラリー中に球質を変えてくることがある。その中のひとつがスマッシュ。ドライブよりも回転が少なく、またドライブの弧線に対してスマッシュは直線的な軌道を描くため、カットを打つときのラケット面と切る角度がドライブに対するときとは少し異なる。ドライブが主流の昨今、あまり打ち慣れていないスマッシュの返球はミスが出やすい。

■ ドライブに対するラケット面と切る角度

回転を抑えるためラケットは立て気味で、上から下方向に切る

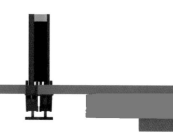

■ スマッシュに対するラケット面と切る角度

ドライブに対するときよりも少しラケットを寝かせ、斜めに向かって切る

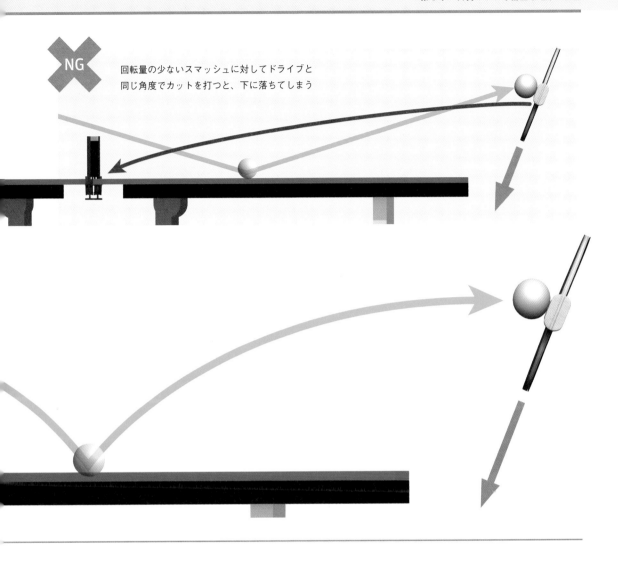

回転量の少ないスマッシュに対してドライブと
同じ角度でカットを打つと、下に落ちてしまう

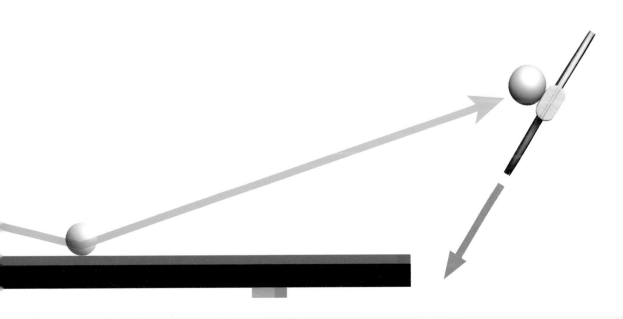

卓球は、日々目覚ましいスピードで進化を続けています。

2018年1月、張本智和選手は大会史上最年少の14歳で全日本選手権覇者となりました。伊藤美誠選手、平野美宇選手は、高校生のときに全日本を制しています。10代の選手が一般の大会で活躍することは、今や当たり前の光景となっているのです。

しかし、私が中学生や高校生だった1990年代中盤から後半は、優勝はおろか10代の選手が大人に勝つこと自体、ほとんどありませんでした。それくらい、力の差があったということです。ここで言う力とは、「パワー」のこと。

体ができていない中学生が、大人に中陣でフォアドライブの打ち合いを挑んでも、不利なのは明白です。こちらの攻撃は決まらず、逆にパワーではじき飛ばされてしまう。その頃はシェークハンドのラケットでもフォアハンドがメインで、あくまでもバックハンドは守備という考えが日本の主流でしたから、他に勝負できる要素もなく、パワーにはパワーで対抗するしかありませんでした。

そんな流れに変化が訪れたのは、2000年代前半のことです。水谷隼選手や私の弟の岸川聖也がドイツに渡って現地のコーチに師事し、最先端の技術や練習法を日本に持ち帰ったことが、ひとつのきっかけになったと言われています。それ以降は日本でも「得点を奪うための方法」が多様化していきました。

もちろん、パワーもその中のひとつの要素ですが、両ハンドを巧みに使ったコースの厳しさや、打球点の早さなどでも勝負ができるようになったのです。たとえ相手がパワーのあるボールを打ってくる選手

おわりに

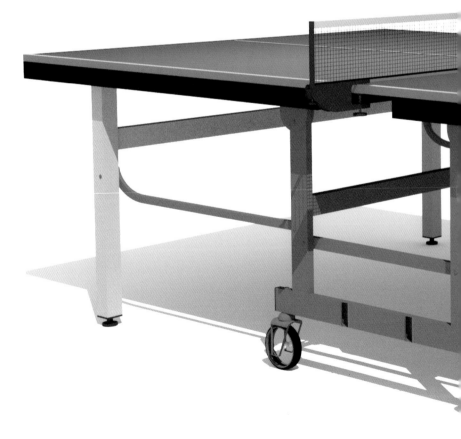

でも、先に仕掛けてしまえばスピードについてこられず、長所を封じることができます。大人のパワーに対し、別の要素で勝負できるようになったことが、10代の選手が多く活躍している理由でしょう。卓球を始めた幼少期からすでに、そういった指導を当たり前のように受けてきた世代であることも大きいと思います。

　本書でもたびたび触れてきましたが、昨今は何でもオールマイティにこなせる選手が非常に多くなりました。両ハンドのスムーズな切り替えができることがベースとしてあった上で、女子はもちろん、男子でも卓球台に近い場所で早いテンポのラリーを行うなど、卓球が高速化しています。

　その中で、他の選手に差をつけるためには、一通りオールマイティにこなせた上で、何か飛び抜けた武器を持つことです。たとえばフォアドライブのスピードが速い、回転量が多い、バックハンドがとくに上手、フットワークが速い、などです。頭のよさも大切な要素でしょう。試合の組み立てを考える上で、いかに自分の長所を出せるか、相手の得意な部分を封じるかは、頭を使えてこそだと言えます。

　本書2章から5章の戦型別の戦術では、それぞれの長所を最大限発揮できるような戦術を紹介してきました。一通りの技術をオールマイティにこなせるようになった上で、自分にしかないオリジナルの武器をつくりましょう。

岸川一星

岸川一星　きしかわ・いっせい

1983年生まれ、福岡県出身。祖父の影響で5歳から地元のクラブで卓球を始める。1998年全国中学校大会シングルス優勝。東山高校在学中の1999年、全日本選手権ジュニアの部で準優勝を飾る。早稲田大学進学後の2003年には全日本大学対抗選手権優勝、全日本学生選手権ダブルスで準優勝を果たすなど、第一線で活躍した。現在はクニヒロ卓球でコーチを務め、ジュニアからシニアまで幅広い年代の指導を行っている。

デザイン／黄川田洋志、井上菜奈美、石黒悠紀（有限会社ライトハウス）
編　集／伊藤 翼（有限会社ライトハウス）

マルチアングル戦術図解
卓球の戦い方
先の先を読み、超高速ラリーを制す

2020年4月30日　第1版第1刷発行

著　者／岸川一星
発 行 人／池田哲雄
発 行 所／株式会社ベースボール・マガジン社
　　　　　〒103-8482
　　　　　東京都中央区日本橋浜町2-61-9　TIE 浜町ビル
　　　　　　電話　03-5643-3930（販売部）
　　　　　　　　　03-5643-3885（出版部）
　　　　　振替口座　00180-6-46620
　　　　　http://www.bbm-japan.com/

印刷・製本／広研印刷株式会社
©Issei Kishikawa 2020
Printed in Japan
ISBN978-4-583-11160-5　C2075